中國文化二十四品

中国文化二十四品

饶宗颐 叶嘉莹 顾问
陈洪 徐兴无 主编

赤县神州
人杰地灵的文化空间

白长虹 华成钢 著

江苏人民出版社

图书在版编目（CIP）数据

赤县神州：人杰地灵的文化空间 / 白长虹，华成钢著. -- 南京：江苏人民出版社，2018.1
（中国文化二十四品）
ISBN 978-7-214-17553-3

Ⅰ. ①赤… Ⅱ. ①白… ②华… Ⅲ. ①历史地理－中国－古代 Ⅳ. ①K928.631

中国版本图书馆CIP数据核字（2017）第225855号

书　　　名	赤县神州——人杰地灵的文化空间
著　　　者	白长虹　华成钢
责 任 编 辑	张晓薇　卞清波
责 任 校 对	史雪莲
装 帧 设 计	刘萍萍　张大鲁
出 版 发 行	江苏人民出版社
出版社地址	南京市湖南路1号A楼，邮编：210009
出版社网址	http://www.jspph.com
照　　　排	南京凯建图文制作有限公司
印　　　刷	江苏凤凰扬州鑫华印刷有限公司
开　　　本	652毫米×960毫米　1/16
印　　　张	15　　插页6
字　　　数	168千字
版　　　次	2018年1月第1版　2018年1月第1次印刷
标 准 书 号	ISBN 978-7-214-17553-3
定　　　价	59.00元（精装）

（江苏人民出版社图书凡印装错误可向承印厂调换）

编委会名单

顾　问

饶宗颐
叶嘉莹

主　编

陈　洪（南开大学教授）
徐兴无（南京大学教授）

编　委

王子今（中国人民大学教授）　司冰琳（首都师范大学副教授）
白长虹（南开大学教授）　　　孙中堂（天津中医药大学教授）
闫广芬（天津大学教授）　　　张伯伟（南京大学教授）
张峰屹（南开大学教授）　　　李建珊（南开大学教授）
李翔海（北京大学教授）　　　杨英杰（辽宁师范大学教授）
陈引驰（复旦大学教授）　　　陈　致（香港浸会大学教授）
陈　洪（南开大学教授）　　　周德丰（南开大学教授）
杭　间（中国美术学院教授）　侯　杰（南开大学教授）
俞士玲（南京大学教授）　　　赵　益（南京大学教授）
徐兴无（南京大学教授）　　　莫砺锋（南京大学教授）
陶慕宁（南开大学教授）　　　高永久（南开大学教授）
黄德宽（安徽大学教授）　　　程章灿（南京大学教授）
解玉峰（南京大学教授）

总　序

陈　洪　徐兴无

我们生活在文化之中，"文化"两个字是挂在嘴边上的词语，可是真要让我们说清楚文化是什么，可能就会含糊其词、吞吞吐吐了。这不怪我们，据说学术界也有160多种关于文化的定义。定义多，不意味着人们的思想混乱，而是文化的内涵太丰富，一言难尽。1871年，英国文化人类学家爱德华·泰勒的《原始文化》中给出了一个定义："文化，或文明，就其广泛的民族学意义上来说，是包含全部的知识、信仰、艺术、道德、法律、风俗，以及作为社会成员的人所掌握和接受的任何其他的才能和习惯的复合体。"[①]其实，所谓"文化"，是相对于所谓"自然"而言的，在中国古代的观念里，自然属于"天"，文化属于"人"，只要是人类的活动及其成果，都可以归结为文化。孔子说："饮食男女，人之大欲存焉。"[②]在这种自然欲望的驱动下，人类的活动与创造不外乎两类：生产与生殖；目标只有两个：生存与发展。但是人的生殖与生产不再是自然意义上的物种延续与食物摄取，人类生产出物质财富与精神财富，不再靠天吃饭，人不仅传递、交换基因和大自然赋予的本能，还传承、交流文化知识、智慧、情感与信仰，于是人种的繁殖与延续也成了文化的延续。

所以，文化根源于人类的创造能力，文化使人类摆脱了

---

① ［英］爱德华·泰勒：《原始文化》，连树声译，谢继胜、尹虎彬、姜德顺校，广西师范大学出版社，2005年，第1页。
② 《礼记·礼运》。

自然,创造出一个属于自己的世界,让自己如鱼得水一样地生活于其中,每一个生长在人群中的人都是有文化的人,并且凭借我们的文化与自然界进行交换,利用自然、改变自然。

由于文化存在于永不停息的人类活动之中,所以人类的文化是丰富多彩、不断变化的。不同的文化有不同的方向、不同的特质、不同的形式。因为有这些差异,有的文化衰落了甚至消失了,有的文化自我更新了,人们甚至认为:"文化"这个术语与其说是名词,不如说是动词。[①] 本世纪初联合国发布的《世界文化报告》中说,随着全球化的进程和信息技术的革命,"文化再也不是以前人们所认为的是个静止不变的、封闭的、固定的集装箱。文化实际上变成了通过媒体和国际因特网在全球进行交流的跨越分界的创造。我们现在必须把文化看作一个过程,而不是一个已经完成的产品"[②]。

知道文化是什么之后,还要了解一下文化观,也就是人们对文化的认识与态度。文化观首先要回答下面的问题:我们的文化是从哪里来的?不同的民族、宗教、文化共同体中的人们的看法异彩纷呈,但自古以来,人类有一个共同的信仰,那就是:文化不是我们这些平凡的人创造的。

有的认为是神赐予的,比如古希腊神话中,神的后裔普罗米修斯不仅造了人,而且教会人类认识天文地理、制造舟车、掌握文字,还给人类盗来了文明的火种。代表希伯来文化的《旧约》中,上帝用了一个星期创造世界,在第六天按照自己的样子创造了人类,并教会人们获得食物的方法,赋予人类管理世界的文化使命。

[①] 参见[荷兰]C. A. 冯·皮尔森:《文化战略》,刘利圭等译,中国社会科学出版社,1992年,第2页。

[②] 联合国教科文组织编:《世界文化报告——文化的多样性、冲突与多元共存》,关世杰等译,北京大学出版社,2002年,第9页。

有的认为是圣人创造的,这方面,中国古代文化堪称代表:火是燧人氏发现的,八卦是伏羲画的,舟车是黄帝造的,文字是仓颉造的……不过圣人创造文化不是凭空想出来的,而是受到天地万物和自我身体的启示,中国古老的《易经》里说古代圣人造物的方法是:"仰则观象于天,俯则观法于地,观鸟兽之文与地之宜,近取诸身,远取诸物。"《易经》最早给出了中国的"文化"和"文明"的定义:"刚柔交错,天文也。文明以止,人文也。观乎天文,以察时变;观乎人文,以化成天下。"文指文采、纹理,引申为文饰与秩序。因为有刚、柔两种力量的交会作用,宇宙摆脱了混沌无序,于是有了天文。天文焕发出的光明被人类效法取用,于是摆脱了野蛮,有了人文。圣人通过观察天文,预知自然的变化;通过观察人文,教化人类社会。《易经》还告诉我们:"一阴一阳之谓道,继之者善也,成之者性也。仁者见之谓之仁,知者见之谓之知。"宇宙自然中存在、运行着"道",其中包含着阴阳两种动力,它们就像男人和女人生育子女一样不断化生着万事万物,赋予事物种种本性,只有圣人、君子们才能受到"道"的启发,从中见仁见智,这种觉悟和意识相当于我们现代文化学理论中所谓的"文化自觉"。

为什么圣人能够这样呢?因为我们这些平凡的百姓不具备"文化自觉"的意识,身在道中却不知道。所以《易经》感慨道:"百姓日用而不知,故君子之道鲜矣。"什么是"君子之道鲜"?"鲜"就是少,指的是文化不昌明,因此必须等待圣人来启蒙教化百姓。中国文化中的文化使命是由圣贤来承担的,所以孟子说,上天生育人民,让其中的"先知觉后知""先觉觉后觉"[①]。

---

① 《孟子·万章》。

无论文化是神灵赐予的还是圣人创造的,都是崇高神圣的,因此每个文化共同体的人们都会认同、赞美自己的文化,以自己的文化价值观看待自然、社会和自我,调节个人心灵与环境的关系,养成和谐的行为方式。

中国现在正处在一个喜欢谈论文化的时代。平民百姓关注茶文化、酒文化、美食文化、养生文化,说明我们希望为平凡的日常生活寻找一些价值与意义。社会、国家关注政治文化、道德文化、风俗文化、传统文化、文化传承与创新,提倡发扬优秀的传统文化,说明我们希望为国家和民族寻求精神力量与发展方向。神和圣人统治、教化天下的时代已经成为历史,只有我们这些平凡的百姓都有了"文化自觉",认识到我们每个人都是文化的继承者和创造者,整个社会和国家才能拥有"文化自信"。

不过,我们越是在摆脱"百姓日用而不知"的"文化蒙昧"时代,就越是要反思我们的"文化自觉",因为"文化自觉"是很难达到的境界。喜欢谈论文化,懂点文化,或者有了"文化意识"就能有"文化自觉"吗?答案是否定的。比如我们常常表现出"文化自大"或者"文化自卑"两种文化意识,为什么会这样呢?因为我们不可能生活在单一不变的文化之中,从古到今,中国文化不断地与其他文化邂逅、对话、冲突、融合;我们生活在其中的中国文化不仅不再是古代的文化,而且不停地在变革着。此时我们或者会受到自身文化的局限,或者会受到其他文化的左右,产生错误的文化意识。子在川上曰:"逝者如斯夫。"流水如此,文化也如此。对于中国文化的主流和脉络,我们不仅要有"春江水暖鸭先知"一般的亲切体会和细微察觉,还要像孔子那样站在岸上观察,用人类历史长河的时间坐标和全球多元文化的空间坐标定位中国文化,才能获得超越的眼光和客观真实的知识,增强与其他文化交

流、借鉴、融合的能力,增强变革、创新自己的文化的能力,这也叫做"文化自主"的能力。中国当代社会人类学家费孝通先生说:

> "文化自觉"是当今时代的要求,它指的是生活在一定文化中的人对其文化有自知之明,并对其发展历程和未来有充分的认识。也许可以说,文化自觉就是在全球范围内提倡"和而不同"的文化观的一种具体体现。希望中国文化在对全球化潮流的回应中能够继往开来,大有作为。[①]

因为要具备"文化自觉"的意识、树立"文化自信"的心态、增强"文化自主"的能力,所以,我们这些平凡的百姓需要不断地了解自己的文化,进而了解他人的文化。

中国文化是我们自己的文化,它博大精深,但也不是不得其门而入。为此,我们这些学人们集合到一起,共同编写了这套有关中国文化的通识丛书,向读者介绍中国文化的发展历程、特征、物质成就、制度文明和精神文明等主要知识,在介绍的同时,帮助读者选读一些有关中国文化的经典资料。在这里我们特别感谢饶宗颐和叶嘉莹两位大师前辈的指导与支持,他们还担任了本丛书的顾问。

中国文化崇尚"天人合一",中国人写书也有"究天人之际,通古今之变"的理想,甚至将书中的内容按照宇宙的秩序罗列,比如中国古代的《周礼》设计国家制度,按照时空秩序分为"天地春夏秋冬"六大官僚系统;吕不韦编写《吕氏春

---

① 费孝通:《经济全球化和中国"三级两跳"中的文化思考》,《光明日报》2000年11月7日。

秋》,按照一年十二月为序,编为《十二纪》;唐代司空图写作《诗品》品评中国的诗歌风格,又称《二十四诗品》,因为一年有二十四个节气。我们这套丛书,虽不能穷尽中国文化的内容,但希望能体现中国文化的趣味,于是借用了"二十四品"的雅号,奉献一组中国文化的小品,相信读者一定能够以小知大,由浅入深,如古人所说:"尝一脔肉,而知一镬之味,一鼎之调。"

2015年7月

目　录

绪言

冀州

  一片甲骨惊天下　安阳殷墟 / 5

  繁华悠梦　平遥古城 / 10

  皇家宫苑　避暑山庄 / 16

  殿宇之海　北京故宫 / 22

  宗教瑰宝　五台山 / 29

兖州　青州　徐州

  神州圣城　曲阜"三孔" / 37

  稷下争鸣　淄博 / 43

  弘毅泉城　济南 / 51

  五岳独尊　泰山 / 57

扬州

  水墨画卷　黄山 / 67

  奇秀桃源　庐山 / 74

  静灵优雅　苏州园林 / 84

  侨乡侨艺　开平碉楼 / 92

荆州

浪漫要塞　荆州 / 101
祥瑞钟聚　钟祥 / 109
济济一堂　岳阳 / 116
古朴神秘　凤凰古镇 / 123

豫州

亘古圣境　武当山 / 131
梵乐盛世　洛阳 / 140
佛光普照　龙门石窟 / 148
三教合流　登封 / 154

梁州

拜水问道　都江堰与青城山 / 163
普贤道场　峨眉山 / 171
凌云弥勒　乐山大佛 / 177
玉龙山下　丽江古城 / 182
民族长廊　三江并流 / 191

雍州

地下皇城　秦始皇陵 / 203
千古迷梦　长安 / 210
绚烂边塞　敦煌 / 218
东方庞贝　楼兰古城 / 224

结语

绪　言

上古时,炎帝以火德王,统辖的土地叫赤县;黄帝以土德王,统辖的土地叫神州。黄帝打败了炎帝后,两族融合,称作"华夏族",统一起来的地区就称"赤县神州",这两个称号都沿用了下来,中国人自称"华夏儿女""炎黄子孙",称中国的版图为"赤县神州"。后来,在这片土地上,一个名叫"禹"的男孩出生了,他是黄帝的玄孙,是上古神话的重要人物,人人皆知的治水英雄。他奉命治理水患,使用疏理河道、引河入海的方法,并且风餐露宿,三过家门而不入,终于治水成功,传为佳话,得到人们的爱戴。后人称其为"大禹",也就是"伟大的禹"的意思。

大禹治水不仅战胜了水灾,还包含了一系列整理疆土的伟业。在治水的过程中,大禹走遍天下,对各地的地形、习俗、物产等皆了如指掌,他以自然地理的实体为依据,即按山川河流的脉络,将"赤县神州"规划为九个州,记录其疆域、山脉、河流、土壤、贡赋等自然和人文地理特征,著成《禹贡》(对《禹贡》的作者说法不一)。《禹贡》的"九州"说至今仍是学习和研究"赤县神州"人文地理格局的出发点。"赤县神州"内分"九州",这是古人对人文地理学的推进,因为"九州"说提出了一套明确的地理分区体系,一个大范围的地理格局。这也成为本书分章置节的特色,即按大禹所著《禹贡》,将古代中国与现代中国的版图结合,抛弃现代的行政区域概念,重新划分九州,讲述各个州内的人文地理风采。

华夏文明博大精深、源远流长,赤县神州幅员辽阔、民族众多,数千年沉淀的灿烂文化,更令世人倾倒,这是华夏祖先留给我们的宝贵财富。而历代先人给我们留下的浩如烟海的文献记载,又为我们提供了进行人文地理研究的基本条件。本书涉及的内容,有大自然的馈赠,如奇秀桃源般的庐山、水墨画卷般的黄山等;有宗教艺术的瑰宝,如亘古圣境武当山、佛光普照的龙门石窟等;也有古代帝王的陵墓,如"一片甲骨惊天下"的安阳殷墟、地下皇陵秦始皇陵、"帝王之乡"钟祥明显陵等,其中涉及甲骨文、河洛文化、秦兵马俑、儒释道三教、科举、古乐、学校书院、古代建筑、唐诗宋词,以及生态理念、民族关系、中外交流等诸多方面的内容。即便如此,相较于包罗万象的华夏人文地理内涵,也不过是沧海一粟,浅尝辄止。

中国人习惯用"一方水土养一方人"来描述人与自然的关系,这也是关于人文地理最通俗易懂的解释。九州之内,不同的地理环境造就了人们不同的生存方式和信仰,使得思想观念、文化性格迥异,形成了丰富多彩、风情万种的各民族文化,共同书写了五彩斑斓的人文历史。本书将以史话为引、山水为记,邀各位读者一起走进"赤县神州"。

冀州

《禹贡》在言及冀州时,并没有像对其他几个州那样,先言其四至,而是仅写出了禹在冀州范围内治水所经过的几个地名,其文曰:"既载壶口,治梁及岐。既修太原,至于岳阳;覃怀厎绩,至于衡漳。厥土惟白壤,厥赋惟上上错,厥田惟中中。恒、卫既从,大陆既作。岛夷皮服,夹右碣石入于河。"

尽管《禹贡》并未明确冀州的边界,但是自古至今,学者们通过对冀州境内的几个地名进行考证,最后还是确定了冀州的方位。如东汉经学大师郑玄曰:"两河间曰冀州。"《孔疏》曰:"东河之西,西河之东,南河至北是冀州之境也。"此释与上述冀州诸地名相符。而且,根据《禹贡》中的其他相关知识,"禹贡大河"从今河南省北部沿着太行山东麓转到河北省的东北部入海,这一段下游河道与流经陕、晋之间的中游河道之间,恰好形成一个周匝三面的袋形地带,由此得出冀州的范围,大致有今山西全省,河北的西、北境及河南的北部,还有辽宁的西部。

《禹贡》本身虽未言明冀州是夏的都城,但列冀州为九州之首,其地位之重要可想而知。顾炎武《日知录》考证说:"古之天子常居冀州,后人因之,遂以冀州为中国之号。"冀州,特别是它的中心区域是夏人最早活动和居住的地区,亦即夏王朝的政治、经济中心,所以后世又称其为夏虚。据考证,冀州的中心在今天山西之南,与古文献所言之夏虚相符。

  本章通过不同角度,有选择性地展示冀州绚烂的文化风采。首先,按其所代表文化的古老程度,选取安阳、平遥、承德三处,自古至今进行排序,着重描述其人文景观。而故宫作为冀州特色鲜明的建筑群,单立一节进行详述。最后选取能够代表冀州大地自然风貌的五台山,突出其自然与人文相结合的特点,展示冀州大地的自然风貌。

冀　州

一片甲骨惊天下　安阳殷墟

殷墟是中国奴隶社会商朝后期的都城遗址,位于今河南省安阳市区西北小屯村一带,距今已有三千三百多年历史,因其出土大量的甲骨文和青铜器而驰名中外。

由于商朝长期的内部斗争、不可抵御的自然灾害以及生产力的制约,商民们一直处于游牧性质的生活状态,多次迁徙,阻碍了商朝的发展。公元前 14 年,商朝第十代国君盘庚从山东"奄"(今曲阜)迁都至"殷"(今河南安阳)。此地当时称作"北蒙",又称"殷",商朝因此也称作"殷商"。殷商文明从此进入了迅速发展时期,出现了史称"武丁中兴"的繁荣局面。公元前 11 世纪,帝乙之子辛继位,即纣王。纣王宠爱妲己,残酷暴虐,致武王伐纣,纣亡国。商朝(约公元前 17 世纪—前 11 世纪)始于商汤,终于商纣,共 31 帝,历经 646 年。

殷都历经8代12帝,共254年。周灭殷后,曾封纣之子武庚于此,后因武庚叛乱被杀,殷民迁走,逐渐沦为废墟,故称"殷墟"。

殷墟占地面积约24平方公里,大致分为宫殿区、王陵区、一般墓葬区、手工业作坊区、平民居住区和奴隶居住区,古老的洹河从市中缓缓流过,城市布局严谨合理。从其宏大的城市规模、宏伟壮观的宫殿造型,以及数量庞大且精美的出土文物来看,它当时不仅是全国,而且是东方的政治、经济、文化中心。

一片甲骨惊天下

在19世纪末,小屯村的剃头匠人李成的腿上患了脓疮,疼得很,又没有钱买药治疗,病情一天天严重起来。他突发奇想,想用村里村外、田间地头到处都有的"龙骨"治疗一下脓疮。于是他找来几片放到蒜臼里捣碎,然后将这些"龙骨"碎面儿敷到疮上,以观疗效,没想到敷上以后疮居然被治好了。后来,有药铺老板在《本草纲目》中查到了"龙骨"是爬行动物的化石,有防腐生肌的奇特疗效。慢慢地,"龙骨"作为一种名贵药材传遍了大江南北。

后来,在1899年的夏季,居住在北京东安锡拉胡同的王懿荣,身患了疟疾。一位老中医为他开的处方中有一味"龙骨"。他惊奇地发现,那味所谓的"龙骨"上竟然隐隐约约地刻着一些符号,他长期从事金石学的研究,断定这其中必有文章。于是,他派人到京城各大药店出高价收购"龙骨",一段时间后,他竟收集了1500多片。这些符号最后被确认为我国最早的文字——甲骨文,而王懿荣被誉为"甲骨文之父"。

郭沫若先生撰诗称:

中原文化殷创始,观此胜于读古书。

一片甲骨惊世界,蕞尔一邑震寰宇。

殷墟甲骨文

《礼记·表记》载:"殷人尊神,率民以事神,先鬼而后礼。"殷商时期,国王在处理大小事务之前,都要用甲骨进行占卜,祈问鬼神,事后将所问之事契刻于甲骨上,这就是甲骨文。殷墟甲骨文是商王朝占卜的记录,是目前已知的中国最早的成熟文字,堪称商代王室的"档案库"。

在殷墟出土的十万余块甲骨上,有四千五百多个单字,是目前中国文字体系最早的证据,而这文字体系至今仍为世界上1/4的人口使用。从这些甲骨文看,其已经具备了"象形、会意、形声、指事、转注、假借"的造字方法,展现了中国文字的独特魅力。三千多年以来,甲骨文经历了金文、篆书、隶书、楷书等不同书写形式的变化,其文字特征和基本语法传承至今,对中国人的思维方式、审美观等产生了重要的影响,同时,也为中国书法艺术的产生和发展奠定了基础。

值得一提的是,世界四大古文字——中国甲骨文、古埃及纸草文字、巴比伦泥版文字和美洲印第安人的玛雅文字中,唯有以殷墟甲骨文为代表的中国古汉字体系,经历了数千年的演变传承至今,书写了博大精深的中华文明史。

后母戊鼎

后母戊鼎出土于1939年的安阳侯家庄武官村,即殷墟的王陵区。它通高1.33米,长1.10米,宽0.78米,足高0.46米,壁厚0.06米,重达875公斤,是迄今为止世界上所发掘出的最大的一件青铜器。后母戊鼎的名字来源于鼎腹内壁上的三字铭文——"后母戊"。一般认为此鼎是商王为祭祀他的母亲戊而铸造的。

铸造后母戊鼎这样大型的青铜器,首先要分别铸出部件,然后再合铸成一个整体,工艺十分复杂。铸造时需要二三百个工匠同时操作,密切配合,才能完成。由铸痕观察,鼎身共使用八块陶范,每个鼎足各使用三块陶范,器底及器内各使用四块陶范。鼎耳则是在鼎身铸成之后再装范浇铸而成。铸造此鼎,所需金属原料应超过1000千克。此外,经光谱定性分析与化学定量分析,后母戊鼎含铜84.77%、锡11.64%、铅2.79%,与战国时期成书的《考工记·筑氏》所记鼎的铜、锡比例基本相符,从中可见中国古代青铜文明的内在传承,同时也反映了商朝工匠的聪明才智。

后母戊鼎

后母戊鼎的铸造,说明了商代后期的青铜器铸造不仅规模宏大,而且分工细致严密,显示出商代青铜铸造技术的杰出成就,彰显了高度先进的商代青铜文化。

殷墟王陵遗址

殷墟王陵遗址位于洹河北岸侯家庄西北冈,与宫殿宗庙遗址隔河相望,是殷墟遗址重要的组成部分,也是商王朝的皇家陵地与祭祀场所、举世闻名的后母戊鼎出土地,被国际专家、学者赞誉为可与世界七大奇迹相媲美的"第二个古埃及"。王陵遗址东西长约450米,南北宽约250米,总面积约180亩。从20世纪30年代至今,在这里相继发现了13座王陵大墓(包括一座未建成大墓)、两千多座陪葬墓、祭祀坑和车马坑,出土了数量众多、制作精美的青铜器、玉器、石器、陶器等,被学术界公认为殷商时期的王陵所在,是中国古代文化艺术宝库中璀璨的明珠。

安阳殷墟王陵遗址作为我国目前已知最早最完整的王陵墓葬群,开创了中国帝王陵寝制度的先河。它的发现确证了殷墟商代都城的历史地位,直接推动了对中国奴隶制社会的研究,成为探索中华文明起源的重要基石。

赤县神州

繁华悠梦　平遥古城

> 在上一世纪乃至以前相当长的一个时期内,中国最富有的省份不是我们现在可以想象的那些地区,而竟然是山西!直到本世纪初,山西,仍是中国堂而皇之的金融贸易中心。北京、上海、广州、武汉等城市里那些比较像样的金融机构,最高总部大抵都在山西平遥县和太谷县几条寻常的街道间,这些大城市只不过是腰缠万贯的山西商人小试身手的码头而已。
>
> ——余秋雨《抱愧山西》

早在明清时期,晋商就审时度势,以一个群体的姿态登上了中国经济历史的舞台,并世代薪火相传。其经营活动的足迹不仅遍及长江南北,而且扩展到我国新疆地区以及日本、蒙古、俄罗斯乃至其他东南亚、西欧和阿拉伯国家,活跃了500年之久,在世界商业史上被称作"东方威尼斯商人"。明清时期晋商资本之丰、经营项目之多、活动地域之广、兴盛时间之长,在世界商业史上也是罕见的。

今天,晋中的晋商大院依旧在默默诉说着昔日的辉煌:清朝中晚期晋商控制着全国金融的发展命脉,是中国金融活动的聚集地;1997年被列为"世界历史文化遗产"的平遥古城是"中国境内保存最为完整的一座古代县城,是中国汉民族城市在明清时期的杰出范例,在中国历史的发展中,为人们展示了一幅非同寻常的文化、社会、经济及宗教发展的完整画卷"。

平遥古称"旧陶",据明成化年间的《山西通志·建置沿革》记载:"平遥县、古陶地,帝尧初封于陶。"平遥古城始建于西周宣王时期(前827—前782),明洪武三年(1370)扩建,距今已有两千七百多年的历史,仍然较为完好地保留着明、清(1368—1911)时期县城的基本风貌,是中国保存最为完整的四座古城之一,也是目前我国唯一以整座古城申报世界文化遗产获得成功的古县城,这使得沉默百年的古城再度名满天下。平遥古城可游览景点极多,可以说处处都让人流连忘返。如气势恢宏的古城墙,有72座敌楼、3000个垛口,据说象征着孔子七十二贤人、三千门人。寓文于武,是传统儒家思想的具体体现。如今,明清商业街依然在倾诉着昔日繁华。传统艺术荟萃的道观、寺庙以及外雄内秀的民居建筑群、建造完整的旧县衙等,虽历经风雨沧桑,却雄风犹存,使得整座古城呈现出一派古朴的风貌。

日昇昌票号

日昇昌票号创立于清道光三年(1823),是中国第一家专营银钱汇兑、存放款业务的私人金融机构,开中国银行之先河,这是中国金融发展史上汇兑业务开始的里程碑,具有划时代的历史意义。日昇昌票号成立三年后,分支机构已经发展到山东、河南、辽宁、江苏等地。随着晋商的发展,山西票号日趋兴隆,发展到43家,在国内85个城市和日本的东京、大阪、神户,以及新加坡、俄罗斯和印度等地共有分号五百多处。当时,中国的金融业务基本上被山西票号垄断,而平遥县城内的票号最盛时期竟达到22家,设有分号404处,日昇昌票号信用卓著,远近闻名,有"汇通天下"之美称。

甲午战争后,山西票号积极与外商竞争,促进国内外贸易,资助民族资本。祁县的合盛元票号,看到日商在东北肆意扩张,遂将在东北的分号增加3倍,并在当时朝鲜的新义州、南奎山、仁川,日本的下关、神户、东京、大阪、横滨设庄,合盛元以其较大的经济效益和社会效益,成为当时票号中的佼佼者。1901年成立的永泰裕票号,看出中印贸易即将大发展的趋势,率先在印度的加尔各答设庄。1906年成立的平遥宝丰隆票号也在加尔各答和拉萨等地设庄,促进了我国西藏与印度的贸易。票号汇通天下,构成了四通八达的金融汇兑网。但盛极必衰,辛亥革命后,票号发展进入尾声。民国初期,票号陆续倒闭,1921年仅存5家,平遥日昇昌1923年歇业,祁县大盛川1929年歇业,三晋源1934年歇业,大德通、大德恒1932年后改银号。

日昇昌旧址今位于平遥城内西大街路南,旧址各处保存完好。建筑整体坐南朝北,并列两院,南北进深65米,建筑面积1300平方米。整个院落布局紧凑,设计精巧。1995年平遥县开始大规模开发整修,现已将其辟为"中国票号博物馆",不仅展现了日昇昌完整的经营业务,丰富珍贵的资料及实物典型,还搜集、整理、收藏了中国百余家票号的大量历史资料,对中国票号兴衰史作了简明形象的揭示和反映。

明清商业街及市楼

平遥古城由四大街、八小街、72条小巷构成其街巷格局。"干"字街是由东大街、西大街、南大街、城隍庙街、衙门街组成的,其中南大街又称明清商业街,全长五百余米,街道两侧的店铺都是具有明清风格的建筑,是平遥县最繁华的商业中心。

市楼重修于清康熙二十七年(1688),为三重檐歇山顶木构架楼阁,通高18.5米,底层面阔深各三间,平面呈方形,筑砖石台基,四角立通天柱,外包砖墙,东西各有券门一道,四周围廊,柱上施半拱。二层平座回廊,前后隔扇门装修,内施楼板,设神龛,南供关圣大帝,北祀观音大士,另奉魁星,屋顶装天花板,楼顶施彩色琉璃瓦,嵌镶成南喜北寿的精美图案,是城内独一无二的楼阁式高层建筑,是平遥古城的象征。

> 这一打量不要紧,才两三家,我们就已被一种从未领略过的气势所压倒。这实在是一条神奇的街,精雅的屋宇接连不断,森然的高墙紧密呼应,经过一二百年的风风雨雨,处处已显出苍老,但苍老而风骨犹在,竟然没有太多的破败感和潦倒感。许多与之年岁仿佛的文化宅第早已倾坍,而这些商用建筑却依然虎虎有生气……
>
> ——余秋雨《抱愧山西》

余秋雨先生一到平遥,就被这条并不宽阔的大街上的景象震惊了。看着花岗岩门坎上的车辙印痕,想象着这里曾经车水马龙的热闹场面,"这些车马来自全国各地,驮载着金钱驮载着风险驮载着骄傲,驮载着九州的风谷和方言,驮载出一个南来北往经济血脉的大流畅……"明清街两旁的古建筑包罗万象,有票号、钱庄、当铺、药铺、肉铺、烟店、杂货铺、绸缎庄等等,几乎包容了当时商业的所有行当。这条小小的古街,造就了一大批商业英才。当年,晋商风流人物在"朝晨午夕街三市"的繁华中,弄潮商海,纵横驰骋,造就了中国金融的黄金时代。

平遥古城墙

据传,西周宣王姬静(约前827—前782)派大将尹吉甫北伐俨狁时驻兵于此,筑西北两面,初称古陶,北魏太武帝拓跋焘始光元年(424)改名平遥。明洪武三年(1370)重筑,由"九里十八步"扩为"十二里八分四厘"(约 6.4 公里),变夯土城垣为砖石城墙。按照"山水朝阳,龟前戏水,城之攸建,依此为胜"的说法,取神龟"吉祥长寿"之意,筑为"龟城":六道城门南北各一为头尾,东西各二为四足。均为重门瓮城,外建吊桥。明清两代先后进行了 25 次维修,墙高十米,垛堞高两米,四周间筑马面,上建敌楼,城顶砖墁,内墙砖砌排水槽 77 个。清时重建城楼、角楼,并取孔子弟子、贤人之数,四周垛堞现为 3000 个,敌楼筑为 72 座。此外,还在东城墙点将台上建了高真人庙,东南角城顶上筑了奎星楼和文昌阁。整个平遥内城外郭,规模宏大,设计严谨,固若金汤,是研究中国古代城池建制的珍贵实物遗存。

平遥传说——大禹造龟城

大禹治水成功之后,因水害而被迫迁往各地的人们也纷纷返回故土。在这众多的返乡人流中,尧帝的两个女儿娥皇、女英也在丈夫虞舜及大臣禹、伯益等人的陪同下一起回到故土陶地,她们为了抚慰父亲的在天之灵,决定在父亲当初的"封地"、她们的诞生地——陶,修筑一座城,这样既可以保障漂泊异地归来的父老乡亲们的居住和安全,又可向世人昭示:这里就是帝尧的发祥地。

然而当她们沿着汾河溯流回到故土时,看到的却是河泥满目、赤地千里,究竟该在哪里修筑城池难倒了大家。正当众人一筹莫展之际,只见一只金灿灿的大乌龟从波涛滚滚的汾河中爬上岸来,人们见了无不惊异。这时,温和慈祥的帝舜用一种凝重而又和蔼的口气对他的两位爱妻说:"灵龟出现,真是大吉大兆。这可能是父皇显灵于此地,让它自由地爬行吧!它停在哪里,咱们就在哪里筑城,重建家园。"大家都认为帝舜说得有理,于是就一起跟着踽踽南行的灵龟行进。当灵龟来到平遥城地面时,它就匍匐不动了。于是帝舜指着灵龟对大家说:"就在这里筑城吧。"帝舜将筑城池的任务交给大禹,大禹调集百姓,根据灵龟爬过的路线修建城池。过了一年半载,一座平遥龟城在大禹的亲自指挥下拔地而起,大禹成为中国历史上修筑城池的第一人。帝舜还根据尧生前传播陶器制品的功绩而将此城定名为"古陶",并在北门外设计修筑了流传至今的"尧庙",供世世代代的古陶人奉祀纪念。

古陶就是如今的平遥,大禹等人希望借龟神之力,使平遥古城坚如磐石,金汤永固,历经千年风雨,安然无恙,永世长存。

平遥古城是中国最早建造的城市之一,建造历史之长,鲜有匹敌者,其孕育的晋商是中国金融发展史上的里程碑。余秋雨先生称日昇昌票号是今天中国大地上各式银行的"乡下祖父",可见他对平遥晋商的尊崇之情。然而,平遥昔日的繁华如一场悠梦,只留下这满城的萧条景象和马路上的车辙印痕,让后人感慨嗟叹。

皇家宫苑　避暑山庄

承德避暑山庄又名承德离宫或热河行宫,位于今河北省承德市北部,是清朝皇帝为了实现安抚、团结中国边疆少数民族,巩固国家统一的政治目的而修建的一座夏季行宫。

承德避暑山庄始建于清康熙四十二年(1703),建成于乾隆五十五年(1790),历时88年。它地处燕山山脉,风景秀美,山川雄奇,气候凉爽。附近河流纵横,林密草长,兽群出没,是理想的牧区和猎场。清朝建立避暑山庄,经康熙、乾隆两朝的营构扩充、踵事增华,楼台翼然,花木繁茂,寺庙宏大,成为塞北草原上的璀璨明殊、举世闻名的皇家园林。

环绕避暑山庄蜿蜒起伏的宫墙长达万米,从而围成了中国现存最大的古典皇家园林。避暑山庄由皇帝宫室、皇家园林和宏伟壮观的寺庙群组成,其建筑风格各异的庙宇和皇家园林同周围的湖泊、牧场和森林巧妙地融为一体。避暑山庄不仅具有极高的美学研究价值,而且还保留着中国封建社会发展末期珍贵的历史遗迹。

避暑山庄的建筑布局大体可分为宫殿区和苑景区两大部分,苑景区又可分成湖区、平原区和山区三部分,内有康熙乾隆钦定的七十二景,拥有殿、堂、楼、馆、亭、榭、阁、轩、斋、寺等建筑一百余处。

承德避暑山庄大小建筑有一百二十多组,其中康熙以四字组成三十六景,乾隆以三字组成三十六景,这就是山庄著名的七十二景。

康熙朝定名的三十六景是:

烟波致爽、芝径云堤、无暑清凉、延薰山馆、水芳岩秀、万壑松风、松鹤清樾、云山胜地、四面云山、北枕双峰、西岭晨霞、锤峰落照、南山积雪、梨花伴月、曲水荷香、风泉清听、濠濮间想、天宇咸畅、暖流暄波、泉源石壁、青枫绿屿、莺啭乔木、香远益清、金莲映日、远近泉声、云帆月舫、芳渚临流、云容水态、澄泉绕石、澄波叠翠、石矶观鱼、镜水云岑、双湖夹镜、长虹饮练、甫田丛樾、水流云在。

乾隆朝定名的三十六景是：

丽正门、勤政殿、松鹤斋、如意湖、青雀舫、绮望楼、驯鹿坡、水心榭、颐志堂、畅远台、静好堂、冷香亭、采菱渡、观莲所、清晖亭、般若相、沧浪屿、一片云、萍香泮、万树园、试马埭、嘉树轩、乐成阁、宿云檐、澄观斋、翠云岩、罨画窗、凌太虚、千尺雪、宁静斋、玉琴轩、临芳墅、知鱼矶、涌翠岩、素尚斋、永恬居。

宫殿区

宫殿区坐落在避暑山庄南部，占地 10.2 万平方米，东北接平原区和湖区，西北连山区。主体建筑居中，附属建筑置于两侧，基本均衡对称，其充分利用自然环境加以改造，自然景观与人文景观巧妙结合，使避暑山庄宫殿建筑园林化，并显示出皇家园林的气派。宫殿区由正宫、松鹤斋、东宫和万壑松风四组建筑组成。正宫是处理政务、休息和举行重大典礼的地方。松鹤斋寓意"松鹤延年"，供太后居住，建于乾隆年间。万壑松风是清帝批阅奏章和读书的地方，是宫殿区与湖区的过渡建筑，造型与颐和园的谐趣园类似。东宫在宫殿区的最东面，原为清帝举行宴请大典的场所，后毁于战火，其中有烟波致爽殿、四知书屋等。

苑景区

苑景区又分为湖泊区、平原区和山岳区。

湖泊区位于宫殿区以北,多仿照江南园林景观而建。山庄湖泊总称"塞湖",湖水来自山间溪水、热河泉水以及武烈河水。湖洲区有九湖十岛,洲岛间桥堤相连,分隔不同的湖面。康熙帝、乾隆帝钦定的避暑山庄七十二景在湖区有31处。

平原区位于湖泊区以东,占地60.7万平方米。平原区主要是一片片草地和树林,其中又分为西部草原和东部林地。草原以试马埭为主体,是皇帝举行赛马活动的场地。林地称万树园,是避暑山庄内重要的政治活动中心之一,当年园内有不同规格的蒙古包28座。其中最大的一座是御幄蒙古包,直径达七丈二尺,是皇帝的临时宫殿,乾隆经常在此召见少数民族的王公贵族、宗教首领和外国使节。万树园西侧为中国四大皇家藏书名阁之一的文津阁。

湖泊区、平原区的西部和北部是山岳区,占避暑山庄总面积的4/5。自北而南有松云峡、梨树峪、榛子峪、西峪等幽深纵横的沟谷。登峰远眺,可以饱览千山万壑,无限风光,它赋予了山庄恢弘的气势。高耸的山峰好似天然屏障,阻挡了西北寒风的侵袭,是调节避暑山庄气候的重要因素。

康熙与避暑山庄

清圣祖康熙(1654—1722),名爱新觉罗·玄烨,清朝入关后的第二代皇帝,在位61年,是中国历史上在位时间最长的皇帝。他雄才大略,北拒沙俄,南弭三藩,收复台湾,纵横南北,终使大清国成为一个疆域辽阔的大国。他又采取多重措施,促进生产迅速发展,开创了清朝前期经济文化繁荣的局面。康熙在位期间,择热河开辟避暑胜地,固然是因为这里"风清夏爽,宜人调养",但更重要的是出于政治目的。热河毗邻蒙古各部,康熙在这里接见、封赠、宴请蒙古各部王公,并一同狩猎,这就进一步团结了蒙古各部,从而巩固了北部疆土,使蒙古成为抵御俄国侵略势力南下的坚固屏障,这是一个具有远见卓识的战略措施。

康熙帝出巡图

康熙皇帝一生勤勉好学,博学多才,能诗善文。他从避暑山庄中选出三十六景,以景为题,每景作诗一首,纂为《御制避暑山庄诗》一书,并流传至今。康熙还命揆叙等儒臣为其诗逐句注释,注释之引文出处用红线标出,朱色句读,清晰醒目。此外,每诗附一图,为戴天瑞彩色指画,其设色厚重,线条刚劲,可谓诗情画意,相得益彰。全书成于康熙五十一年(1712),分上、下两卷。

康熙的这些诗,不仅是吟诵风月、游山乐水的轻快之作,在描写秀丽风景的同时,也尽情地抒发他远大的抱负,既有诗情画意,又有豪情壮志。如描写避暑山庄风景秀丽的诗《烟波致爽》:

触目皆仙草,迎窗遍药花。
炎风昼致爽,绵雨夜方赊。

如《锤峰落照》：

> 从目湖山千载留，白云枕间报深秋。
> 巉岩自有争佳处，未若此峰景最幽。

由此可见，此处风景优美，引人入胜。有的诗篇反映出老年的康熙仍然晚志不衰、雄心不已，处处显示出他豪放的胸怀。他在《无暑清凉》中写道：

> 意惜始终宵旰志，踟蹰自问济时方。
> 谷神不守还崇政，暂养回心山水庄。

康熙一生勤奋不倦，总是自问有无治世良策。他在《芝径云堤》一诗中说：

> 连岩绝涧四时景，怜我晚年宵旰忧。
> 若使扶养留精力，同心治理再精求。

他用夸张的手法描写景物因怜其晚年"宵旰"辛劳而心事重重，自言如果能够恢复年轻时的精力，一定要继续努力治理国家，使其更加强盛精进。这充分表达了一个有作为的封建君王孜孜不倦、终生奋发不息的意志和精神。

避暑山庄不仅本身有优美的山水环境，庄外还有可资因借的山峦奇景，气候"风清夏爽，宜人调养"，得到康熙和乾隆以及后世历代皇帝的青睐。也许最初只是为了消夏避暑，或是游山玩水、打猎射箭，或要联合少数民族抵抗沙俄入侵，但不管出于何种目的，避暑山庄的政治功能、使用功能、观赏功能都得到了全面的开发与利用，从而使其成为中国皇家园林建造史上的璀璨明珠。康乾盛世使避暑山庄得到发展和扩张,山庄的内涵十分丰富,堪称记录历史、文化、民族、宗教、建筑、园林的大型清史博物馆。

殿宇之海　北京故宫

北京故宫，原名"紫禁城"，是明清两个朝代 24 位皇帝的皇宫，占地面积 72.5 万平方米，建筑面积约为 15 万平方米。明成祖朱棣永乐四年(1406)开始营造，历时 14 年于永乐十八年(1420)落成，距今已经有五百多年的历史。它位于北京中轴线的中心，东邻王府井大街，西接中南海，北靠景山公园，是一座城中之城，也是中国现存最大、最完整的古建筑群，被称为"殿宇之海"，气魄雄伟，极为壮观。无论是平面布局、立体效果，还是形式上的雄伟堂皇，都堪称无与伦比的杰作。

北京中轴线贯穿着整个故宫，三大殿、后三宫、御花园都位于这条中轴线上。在中轴宫殿两旁，还对称分布着许多宏伟华丽的殿宇，这些宫殿可分为外朝和内廷两大部分，外朝以太和殿、中和殿、保和殿三大殿为中心，文华殿、武英殿为两翼；内廷以乾清宫、交泰殿、坤宁宫为中心，东西六宫为两翼，布局严谨有序。故宫的四个城角都有精巧玲珑的角楼，建造精巧美观。宫城周围环绕着高 10 米、长 3400 米的宫墙，墙外有 52 米宽的护城河。

建成于 1925 年 10 月 10 日的北京故宫博物院，就位于故宫内，是在明清两代皇宫及其收藏的基础上建立起来的综合性博物馆。其中设有历史艺术馆、绘画馆、陶瓷馆、青铜器馆、明清工艺美术馆、铭刻馆、玩具馆、文房四宝馆、玩物馆、珍宝馆、钟表馆和清代宫廷典章文物展览等，收藏有大量古代艺术珍品，据统计总共达 1052653 件之多，占全国文物总数的1/6，是中国文物收藏最丰富的博物馆，也是世界著名的古代文化艺术博物馆，其中很多文物都是绝无仅有的无价之宝。

故宫角楼的九梁十八柱七十二条脊

明朝的燕王朱棣想迁都北京，于是就派了亲信大臣到北京盖皇宫。朱棣告诉这个大臣：要在皇宫外墙——紫禁城的四个犄角上，盖四座样子特别美丽的角楼，每座角楼要有九梁、十八柱、七十二条脊。

管工大臣到了北京以后，就把八十一家大包工木厂的工头、木匠们都叫来，跟他们说了皇帝的旨意，可工头和木匠们却没有一点头绪，他们做了许多样型，都不合适。其中就有这么一个工匠想不出办法就去大街上散心，走着走着，听见老远传来一片蝈蝈的吵叫声，接着又听见一声吆喝："买蝈蝈，听叫去，睡不着，解闷儿去！"走近一看，是一个老头儿挑着许多大大小小秫秸编的蝈蝈笼子，在沿街叫卖。其中有一个细秫秸棍插的蝈蝈笼子，精巧得跟画里的一座楼阁一样，当时精神一振，很受启发，买了蝈蝈笼子就往回走。

回到了工地就把蝈蝈笼子的梁啊、柱啊、脊呀细细地数了一遍又一遍，蹦起来一拍大腿说："这不正是九梁十八柱七十二条脊么？"大伙一听都高兴了，这个接过笼子数数，那个也接过笼子数数，都说："真是九梁十八柱、七十二条脊的楼阁啊！"工匠们受蝈蝈笼子的启发，琢磨出了紫禁城角楼的样子，修成了到现在还存在的故宫角楼。

故宫三大殿

太和殿，也叫"金銮殿"，是皇帝坐朝的殿堂。明初新建成时取名"奉天殿"，依据的是儒家的天命论，即认为皇帝是奉天之命来统治人民的,所以称为"天子",因而天子的印信——国玺上写着"受命于天既寿永昌"八个字。明代中叶嘉靖朝重建时改名为"皇极殿",表达了皇建无极永远统治的愿望。17世纪清代改名为"太和殿",其意为万年和顺,国泰民安。太和殿高35.05米,东西63米,南北35米,面积约2380平方米,是紫禁城诸殿中最大最富丽堂皇的一座,而且形制也是最高规格的。太和殿是五脊四坡大殿,从东到西有一条长脊,前后各有斜行垂脊两条,这样就构成五脊四坡的屋面,建筑术语称庑殿式。太和殿是皇权的象征,因此这个殿堂主要是用来举行大朝会的,例如新皇帝登基,向全国颁布政令和诏书,皇帝生日和新年时在此接受朝臣的祝贺,每年的冬至节也在此坐朝。

中和殿得名于清代,在明初建成时名"华盖殿",中叶一度改名为"中极殿",位于太和殿后。中和殿高27米,平面呈正方形,面阔、进深各为三间,四面出廊,金砖铺地,建筑面积五百八十多平方米。黄琉璃瓦单檐四角攒尖顶,正中有鎏金宝顶。四脊顶端聚成尖状,上安铜胎鎏金球形的宝顶,为四角攒尖式。它的主要用途是供皇帝去太和殿举行大典前稍事休息和演习礼仪。通常,皇帝在去太和殿之前先在此稍作停留,接受内阁大臣和礼部官员行礼,然后进太和殿举行仪式。另外,皇帝祭祀天地和太庙之前,也要先在这里审阅一下写有祭文的"祝版"。

保和殿是故宫第三大殿,在中和殿后。保和殿高29米,平面呈长方形,面阔九间,进深五间,建筑面积1240平方米。黄琉璃瓦重檐歇山式屋顶正中有一条正脊,前后各有两条垂脊,在各条垂脊下部再斜出一条岔脊,连同正脊、垂脊、岔脊共9条,建筑学上叫歇山式。明代册封皇后、太子,皇帝一般先在保和殿穿戴完毕后去太和殿受贺。而清代皇帝每年正月初一、十五宴请王公大臣,以及公主婚嫁时宴请驸马,都是在保和殿进行,因此,保和殿在故宫中的地位非常高。此外,保和殿还也是清代科举考试举行殿试的地方。

清代科举大金榜

中国的科举制度始于隋朝隋炀帝大业元年(605),终于清光绪三十一年(1905),经历了1300年的历史。清代科举考试每三年一次,遇重大吉庆,加开恩科。清代的科考分童试、乡试、会试和殿试四个等级,殿试是科考的最高规格,它是由皇帝亲自出题对通过了童试、乡试、会试的贡士们进行考试。殿试的成绩榜就是"金榜"。"金榜"是黄纸墨字,书满汉两种文字,以皇帝诏令的形式下达。小金榜不用印,供皇帝御览和举行典礼时宣布名次使用。"金榜"又有文科、武科之分。在清代,文科大金榜张挂于天安门外长安横街的长安左门,武科大金榜张挂于天安门外长安横街的长安右门,三天后收回内阁保存。

清代科举大金榜于2005年入选《世界记忆遗产》,清朝金榜现存有200多份,涵盖了从康熙六年到光绪二十九年230多年间科举考试的殿试成绩榜。

太和殿、中和殿和保和殿都建在汉白玉砌成的八米高的"工"字形基台上,太和在前,中和居中,保和在后。远望犹如神话中的琼宫仙阙。基台三层重叠,每层台上边缘都装饰有汉白玉雕刻的栏板、望柱和龙头,三台当中有三层石阶雕有蟠龙,衬以海浪和流云的"御路"。在2.5万平方米的台面上有透雕栏板1415块,雕刻云龙翔凤的望柱1460个,龙头1138个。用这样多的汉白玉装饰的三台,造型重叠起伏,这是中国古代建筑中具有独特风格的装饰艺术。而在结构功能上,这种装饰又是台面的排水管道。在栏板地栿石下,刻有小洞口；在望柱下伸出的龙头上也刻出小洞口。每到雨季，雨水逐层由各小洞口下泄，水由龙头流出，千龙喷水，蔚为壮观，这是科学而又艺术的设计。

故宫四门

故宫有四个大门，正门叫"午门"，俗称五凤楼，东、西、北三面以12米高的城台相连，环抱一个方形广场。正中有重楼，是九间面宽的大殿，重檐庑殿顶。在左右伸出两阙城墙上，建有联檐通脊的楼阁四座，明廊相连，两翼各有13间的殿屋向南伸出，四隅各有高大的角亭，作为正殿的辅翼。这种形状的门楼称为"阙门"，是中国古代大门中最高级的形式。城上的这组建筑，形势巍峨壮丽，是故宫宫殿群中第一高峰。午门是皇帝下诏书、下令出征的地方。每遇宣读皇帝圣旨，颁发年历书，文武百官都要齐集午门前广场听旨。午门当中的正门平时只有皇帝才可以出入，皇帝大婚时皇后进一次，殿试考中状元、榜眼、探花的三人可以从此门走出一次。文武大臣进出东侧门，宗室王公出入西侧门。

神武门即为故宫北门，明朝时为"玄武门"。玄武为古代四神兽之一，从方位上讲，左青龙，右白虎，前朱雀，后玄武，玄武主北方，所以帝王宫殿的北宫门多取名"玄武"。清康熙年间因避皇帝讳改称"神武门"。神武门也是城门楼形式，用的是最高等级的重檐庑殿式屋顶，但它的大殿只有五开间加围廊，没有左右向前伸展的两翼，所以在形制上要比午门低一个等级。神武门是宫内日常出入的门禁。神武门现为故宫博物院正门。

东华门与西华门遥相对应，门外设有下马碑石，门内金水河南北流向，上架石桥一座，桥北为三座门。东华门与西华门形制相同，平面为矩形，红色城台，白玉须弥座，当中辟三座券门,券洞外方内圆。城台上建有城楼,黄琉璃瓦重檐庑殿顶,城楼面阔五间,进深三间,四周出廊。

在午门以内,有广阔的大庭院,当中有弧形的内金水河横亘东西,北面就是外朝宫殿大门——太和门,左右各有朝房廊庑。金水河上有五座桥梁,装有白色汉白玉栏杆,随河宛转,形似玉带。

故宫内廷

故宫建筑的后半部叫内廷,内廷宫殿的大门称乾清门,其左右有琉璃照壁,门里是后三宫。内廷以乾清宫、交泰殿、坤宁宫为中心,东西两翼有东六宫和西六宫,是皇帝处理日常政务之处,也是皇帝与后妃生活的地方。故宫的后半部在建筑风格上不同于前半部。前半部建筑庄严、壮丽、雄伟,象征皇帝的至高无上。后半部内廷则富有生活气息,建筑多是自成院落。御花园在故宫最后面。乾清宫,位于乾清门内,"乾"象征着"天","清"意味着"透彻",寓意着国家安定,皇帝廉洁。在明朝和清朝的时候,乾清宫就是皇帝起居和处理日常政务的地方。交泰殿位于乾清宫和坤宁宫之间,殿名取自《易经》,含"天地交合、康泰美满"之意,是皇帝和后妃们生活的地方。坤宁宫是明朝及清朝雍正帝之前的皇后寝宫,两头有暖阁。雍正之后,西暖阁为萨满的祭祀地。其中东暖阁为皇帝大婚的洞房,康熙、同治、光绪三帝均在此举行婚礼。坤宁宫的北面是御花园。御花园原名宫后苑,占地一万一千多平方米,有建筑二十余处。御花园以钦安殿为中心,采用主次相辅、左右对称的格局,布局紧凑,古典富丽。殿东北的堆秀山为太湖石叠砌而成,名为万春亭和千秋亭的两座亭子是现存的古亭中最为华丽的。

从北京故宫建成至1911年中国封建王朝终结,近五百年里，共有24位皇帝先后在此登基，整个建筑群金碧辉煌、庄严绚丽，被誉为世界五大宫之一（其余四宫为：法国凡尔赛宫、英国白金汉宫、美国白宫、俄罗斯克里姆林宫）。故宫是中国五个世纪以来的最高权力中心，它以皇家园林景观的富贵大气而闻名于世，其近万个宫室组成的庞大建筑群，容纳了大量精湛的古典工艺品，从而成为明清时代中华文明无价的历史见证。

宗教瑰宝 五台山

五台山位于山西省忻州市，以浓郁的佛教文化气息闻名于世，是中国四大佛教名山之首。五台山保存有东亚乃至世界现存最庞大的佛教古建筑群，享有"佛国"的盛誉。五台山由五座台顶组成，将对佛的崇信凝结在对自然山体的崇拜之中，完美体现了中国"天人合一"的哲学思想，一千六百余年来始终是佛教文殊信仰中心——一种独特而富有生命力的组合型文化景观。

五台山虽名为山，实为"华北屋脊"之上的一系列山峰，总面积达2837平方公里，最高海拔3061米。东台望海峰、南台锦绣峰、中台翠岩峰、西台挂月峰、北台叶斗峰，五座山峰在冀州这片区域上拔地而起，巍峨耸立，山顶无林木而平坦宽阔，犹如垒土之台，故而得名。又因山上气候多寒，盛夏仍不见酷暑，故又别称"清凉山"。

五台山的佛教文化世人皆知，而它还拥有独特而完整的地球早期地质构造、古生物化石遗迹等，完整地记录了古代地质演化历史。这对研究地球早期地质构造和古生物化石遗迹有世界性的地层划界意义和对比价值，是开展全球性地壳演化、古环境、生物演化对比研究的典型例证。因此，五台山当之无愧地被誉为"中国地质博物馆"。五台山最低处海拔仅624米，最高处海拔达3061.1米，为山西省最高峰，有"山西屋脊"之称。台顶雄旷，层峦叠嶂，峰岭交错，挺拔壮丽，拥有大自然造就的许多独特的景观。

奇峰灵崖

五台山奇峰灵崖随处皆是，苍松翠柏隐于山涧，鸟鸣蝉叫此起彼伏，奇花异草竞相展露，一派人间仙境的景色。

东台名望海峰，海拔 2795 米。东台顶上"蒸云浴日，爽气澄秋，东望明霞，如陂似镜，即大海也"，故冠此名。由于海拔高，台顶气温低，盛夏时节仍须穿棉衣。

西台名挂月峰，海拔 2773 米，"顶广平，月坠峰巅，俨若悬镜，因以为名"。有诗赞曰："西岭巍峨接远苍，回瞻乡国白云傍。孤峰岭翠连三晋，八水分流润四方。晴日野华铺蜀锦，秋风仙桂落天香。当年狮子曾遗迹，岩谷常浮五色光。"

南台名锦绣峰，海拔 2485 米，此峰"顶若覆盂，圆周一里，山峰耸峭，烟光凝翠，细草杂花，千峦弥布，犹铺锦然，故以名焉"。著名诗人元好问赋诗赞曰："沈沈龙穴贮云烟，百草千花雨露偏。佛土休将人境比，谁家随步得金莲。"

北台名叶斗峰，海拔 3061 米，为五台中最高，有"华北屋脊"之称，其台"顶平广，圆周四里，其下仰视，巅摩斗杓，故以为名"。康熙皇帝赋诗赞曰："绝磴摩群峭，高寒逼斗宫。钟鸣千嶂外，人语九霄中。朔雪晴犹积，春冰暖未融。凭虚看陆海，此地即方蓬。"

中台翠岩峰，海拔 2894 米，其台"顶广平，圆周五里，巅峦雄旷，翠霭浮空，因以为名"。有诗赞曰："群峰面面拥奇观，朝雨和烟积翠峦。策杖千山浑不倦，披裘六月尚余寒。苍崖碧嶂周遭合，古木黄沙四望宽。云雾渐看山半起，却疑身已在云端。"

杨五郎出家

太平兴国初年，宋太宗率领杨家将等大批兵马亲征辽国晋阳,乘胜追击一直到五台山南台附近的一座山岭上。宋太宗早就听说五台山白鹿庵住持睿谏法师是一位道法高深的高僧,便亲自拜见睿谏法师。拜见完毕,宋太宗由杨业陪着回到行宫,杨五郎却有意留在后面,等人离开寺院,他马上返回身来,却见睿谏法师双手合十,站着笑望自己。

五郎与睿谏法师谈经论道、十分投机,此后数日,五郎天天去拜见睿谏,二人相谈甚欢。后来宋太宗急着下山,杨五郎也与睿谏告别辞行,睿谏便给他一个黄绸包袱,并再三叮咛:"遇到大难时,方可打开,它可以帮你摆脱困境。"并向他赠送四句偈语:"须防我中仇,谨记道中道,决心应坚固,临危莫焦躁。"

不料后来辽国萧太后发兵南犯,宋辽交战金沙滩,由于潘仁美设计陷害,致使杨家将大败,七郎八虎死了四个,被俘两个,杨五郎奋力拼杀,突围到一片树林中,但也四面楚歌,十分危险。此时,他猛然想起五台山的睿谏法师送给他的那个黄绸包袱,打开一看,便见里面放着一把剃刀、一张度牒、一顶僧帽、一套袈裟。又猛然想起睿谏师傅的偈语来,原来"我中仇"是指潘仁美。杨五郎回想起奸臣当道,潘仁美屡次陷害杨家将,心灰意冷,遂卸下战袍、头盔,自剃须发,穿上僧装,骗过层层敌兵,离应州,过代州,一路来到五台山的太平兴国寺,拜睿谏法师为师,在五台山当了和尚。

后来,五郎念父亲惨死陈家谷口,将杨业令公的遗骨偷取回五台山,葬于九龙岗,建了一座六角墓塔,以便自己节日祭祀。人们把这座墓塔称为"令公塔",作为人们凭吊杨家将的地方。

寺院古刹

五台山上的古刹是中国最早的佛教寺庙建筑之一。自东汉永平年间起,历代修造的寺庙鳞次栉比,可谓佛塔摩天、殿宇巍峨、金碧辉煌,是中国历代建筑荟萃之地。雕塑、石刻、壁画、书法遍及各寺，且均具有很高的艺术价值。唐代全盛时期，五台山共有寺庙三百多座，经历了几次变迁，寺庙建筑遭到破坏。现在，五台山有寺庙47座，其中的显通寺、塔院寺、菩萨顶、殊像寺、罗睺寺被列为"五台山五大禅处"，是当今中国唯一兼有汉传佛教和藏传佛教的佛教道场。

  显通寺是五台山规模最大、历史最悠久的一座寺院，和洛阳的白马寺同为中国最早的寺庙。该寺位于五台山中心区，其中大雄宝殿是举行佛事活动的主要场所，殿内供奉有释迦牟尼、阿弥陀佛、药师佛的塑像，整座大殿开阔疏朗，古色古香。无量殿为砖砌结构，里面供奉有铜铸毗卢佛，该殿没有房梁，形制非常独特，具有很高的艺术价值。铜殿是一座青铜建筑物，殿内有上万尊小佛像，是罕见的铜制文物。显通寺前的钟楼里有五台山最大的铜钟——长鸣钟，钟的表面刻有一部万余字的楷书佛经。

  罗睺寺位于五台山显通寺与十方堂之间，始建于唐代。唐代时，罗睺寺是大华严寺（今显通寺）的十二院之一，名为善住阁院。明弘治五年（1492）重建。明万历年间，李彦妃为祈祷其子登基许愿，拨款重修。清乾隆五十七年（1792）再经修葺。罗睺寺是五台山保存完好的十大黄庙之一和五大禅寺之一，寺内两幢木构小楼以接待十方客人而闻名。据传罗睺寺过去香火鼎盛，尤其是黄教的信徒，经年络绎不绝，是五台山黄庙中很有影响的一座。

  塔院寺被誉为"清凉第一圣境"，内有五台山的标志性建筑物——大白塔。塔高56.4米，通体洁白，塔顶悬有两百余个铜铃，风吹时声音清脆。大白塔的东边有一座小白塔，相传此塔内藏有文殊菩萨显圣时遗留的金发，因此又称文殊发塔。藏经阁在大白塔北侧，为木结构建筑，内有用汉、蒙、藏等多种文字所写的经书两万多册。

菩萨顶是五台山最大最完整的一座藏传佛教寺院,规模宏大,占地45亩,有殿堂房舍四百三十余间,均为清代重建。重建时,参照皇宫模式,上铸三彩琉璃瓦,下铺青色细磨砖,非常豪华,为五台山诸寺之首。康熙皇帝先后到菩萨顶朝拜了五次,乾隆皇帝朝拜了六次,菩萨顶山门外水牌楼上的"灵峰胜境",文殊殿前石碑坊上的"五台圣境",均为康熙帝亲笔题写。

康熙火烧殊像寺

殊像寺在五台山怀镇西南0.5千米处,因寺内供奉着文殊菩萨而得名。传说康熙有烧殊像寺之举,原因和金庸所作《鹿鼎记》中的建宁公主有关。

建宁公主是康熙的姑妈,相传朝廷为了笼络有势力的汉族大官,便将建宁公主嫁给吴三桂之子吴应龙。不料,吴三桂叛清,被镇压,康熙下令将吴应龙及其子吴世霖绞死。建宁公主不能另嫁他人,在殊像寺后的西北角清净处修建了一间客堂,改名"善静室",作为"习静"之处。

后来,殊像寺来了个因失恋而出家为僧的年轻和尚,他精通内典,常与建宁公主在"善静室"研讨经文,流言蜚语四起。在京城的康熙听见后,认为有损皇族声誉,于是派人火烧殊像寺,试图将建宁公主与年轻和尚烧死。大火烧了三天,全寺片瓦无存,惟独建宁公主与年轻和尚"习静"的善静室无恙。康熙认为这是文殊菩萨证明他们之间没有恋情,于是下旨拨巨款重建殊像寺。重建后,有人提议把它改名"清白寺"或"无瑕寺",以示建宁公主的清白纯洁。但由于五台山是文殊菩萨的道场,"殊像寺"即意味着有文殊菩萨的真像,所以重建后仍叫"殊像寺"。

五台山环境幽静,奇峰灵崖,随处皆是。这里宗教文化渊源悠久,是文殊菩萨的道场,其五座高峰分别代表着文殊菩萨的五种智慧:大圆镜智、妙观察智、平等性智、成所作智、法界体性智。五台山融自然风光、古建艺术与佛教文化于一体,是不可多得的宗教圣地,也是中华人文地理的瑰宝。

兖州　青州　徐州

根据《禹贡》的记载,"济河惟兖州",意即济、河之间的三角地带为兖州,与黄河、冀州的边界相邻,相当于今山东省西北部、河北省东南的一部分和河南省的东北部。"海岱惟青州",青州东至海而西至泰山,也就是现在山东东部的半岛地区。徐州在海岱和淮水之间,相当于今山东省东南部和江苏省的北部一隅。由于兖州和徐州的区域面积相对较小,青州整体都在山东半岛内,而三州总域等于今天山东省的全部,还有山东临界的河北、河南、江苏的少部分地区,因此,本章各节内容均来自"齐鲁大地"山东。

"齐风鲁韵"是形容齐鲁大地风俗人文最常用的词语。这是因为姜太公坚持以"因其俗,简其礼"的方式治理齐地,东夷人的少数民族风情得以保存。而周公旦治理鲁地则"改其俗,革其礼",使得鲁地的人们都晓周礼、知礼乐韵律,以至齐、鲁两地相邻,地理特点大致相同,却"齐风鲁韵",风俗特点迥异。因此,本章的内容首先选取鲁国的政治文化中心曲阜,通过对曲阜"三孔"的介绍,重点展示中国古代帝王对儒学思想的推崇;其次,选取与曲阜相对应的齐国旧都淄博,介绍"齐文化"特点,挖掘"齐风鲁韵"形成的历史原因;再次,济南具有全国独一无二的"泉城"风貌,齐鲁文化并存,独具风采,单成一节;最后,作为五岳之首的泰山是齐鲁地区重要的人文地理景观,亦是世界著名的自然与文化双遗产,本章也作重点介绍。

兖州　青州　徐州

神州圣城　曲阜"三孔"

曲阜，古为鲁国国都，地处山东省西南部，东连泗水，西抵兖州，南临邹城，北望泰山。"曲阜"之名最早见于《礼记》，东汉应劭解释道："鲁城中有阜，委曲长七八里，故名曲阜。"

从西周初年周公之子伯禽封于鲁国，到战国末年鲁国灭亡，鲁国存在了八百余年，其间曲阜始终是鲁国的政治、文化中心，也是现代中国的历史重镇、文化名城。曲阜不仅是国人推崇的文化重镇，还

孔子

得到世界人民的认可,与巴勒斯坦地区的耶路撒冷、沙特阿拉伯的麦加并称为世界三大圣城。

曲阜是儒家文化的发源地,也是儒家学派创始人孔子的诞生地。孔子是公元前6世纪到公元前5世纪中国春秋时期伟大的哲学家、政治家和教育家。曲阜"三孔",即孔府、孔庙、孔林,以丰厚的文化积淀、悠久的人文历史著称于世。同时,得益于两千多年来中国历代帝王对孔夫子的大力推崇,曲阜的古建筑群具有其独特的艺术价值和历史特色。

孔府

孔府位于曲阜明故城的中心位置。孔庙的东侧是孔氏家族嫡系子孙的居所,有"天下第一家"之誉。汉元帝时,封孔子十三代孙孔霸为"关内侯,食邑八百户,赐金二百斤,宅一区",这是封建帝王赐孔子后裔府第的最早记载。宋至和二年(1055),宋徽宗封孔子四十六代孙孔宗愿为"衍圣公",孔府也因此称"衍圣公府"。孔子嫡孙保有世袭罔替的爵号,历时两千一百多年,是中国最古老的贵族世家。作为儒家文化的发源地,孔府从两周时期开始始终伴随着曲阜的发展,从孔子逝世时的三间祖屋发展到后来的九进院落,始终受到历代统治者及黎民百姓的尊崇和重视。

现在的孔府以明、清两代的建筑居多,包括厅、堂、楼、轩等463间,共九进院落。孔府中除了必需的住宅之外,还设立了官衙,包括审讯用的公堂,催租、传讯等职能的六厅等,是中国现存规模最大、保存最好、最为典型的官衙与宅第合一的建筑群。

孔府的建筑群设计,沿用中国传统的前堂后寝制度,把功能不同的一系列建筑物依次排列,遵循礼教与宗法原则。

其前堂部分由官衙、东学、西学三部分组成,供处理公务、会客之用;后寝部分由内宅、花厅、一贯堂三部分组成,是家族活动的主要场所。孔府收藏有大批珍贵的文物,如金石、陶瓷、竹木、牙雕、玉雕、珍珠、玛瑙、珊瑚以及元、明、清各代各式衣冠剑履、袍笏器皿等,其中元代平金七梁冠为孔府家传之物,世间仅有。这些文物当中,最著名的莫过于"商周十器"(亦称"十供"),其形制古雅,纹饰精美,原为宫廷所藏青铜礼器,于清乾隆三十六年赏赐给孔府。孔府还存有明嘉靖十三年(1534)至1948年有关我国政治、经济、思想、文化等方面的大量文献,内容丰富,具有重要的历史价值。

孔庙

孔庙大多具有祭祀孔子、推崇文人政教的作用,而曲阜孔庙是孔子家庙,具有独特的权威性。自建立之初直至今日仅用来祭祀孔子,始终被称作孔庙,而其他各地的孔庙则有先师庙、圣庙、文庙等不同的称呼,能够被称为"孔庙"的仅有曲阜孔庙(孔子家庙)、北京孔庙(后家祭孔建筑)、衢州孔氏家庙(南宗)三处。

孔庙建筑群设计合理、布局严谨,主体建筑贯串在一条中轴线上,左右对称。孔庙前为神道,两侧栽植桧柏,营造出庄严肃穆的气氛,令谒庙者产生崇敬的情绪。中路从金声玉振坊起,由南向北依次穿越棂星门、太和元气坊、圣时门,过壁水桥,进大中门后,再经奎文阁、十三碑亭、大成门、杏坛、大成殿、寝殿后,抵达圣迹殿,为孔庙的主体建筑。由大成门向东,进圣承门,达诗礼堂、鲁壁、孔宅故井及崇圣祠,后为家庙,这是拜谒孔庙的东路。由大成门向西,进启圣门,达金丝堂、启圣殿及启圣寝殿,是拜谒孔庙的西路。

孔庙保存了自汉代以来的碑刻1044块,除皇帝追谥、加封、祭祀孔子以及修建孔庙的记录，还有帝王将相、文人学士谒庙留下的诗文题记，是研究中国封建社会时期政治、经济、文化、艺术等方面情况的珍贵史料。众多碑刻中有汉碑和汉代刻字二十余块，是国内现存汉代碑刻最多的地方，其中乙瑛碑、礼器碑、孔器碑、史晨碑是汉隶的代表作，张猛龙碑、贾使君碑则是魏体的楷模。此外还有孙师范、米芾、党怀英、赵孟頫、张起岩、李东阳、董其昌、翁方纲等人的法书，元好问、郭子敬等人的题名，孔继涑五百八十四石的大型书法丛帖玉虹楼法帖等。

石刻艺术品在孔庙中也极为丰富，最著名的有汉画像石、明清雕镂石柱和明刻圣迹图等。汉画像石有九十余块，题材丰富广泛，既有社会生活的记录，也有历史故事、神话传说的展现；雕刻技法多样，有线刻、有浮雕，线刻又有减地、剔地、素地、线地，浮雕有深有浅，有光面，有糙面，线条流畅，造型优美。明清雕镂石柱共74根，其中减地平镂56根，图案多为小幅云龙、凤凰牡丹，高浮雕18根。《圣迹图》为明万历二十年（1592）据孔庙宋金木刻增补而成，由曲阜儒学生员毛凤翼汇校，扬州杨芝作画，苏州石工章草上石，共120幅，形象地反映了孔子一生的行迹，是我国较早的大型连环画之一，具有很高的艺术价值和历史价值。（以上内容参考了中国孔子网和曲阜孔庙有关介绍。）

两千多年来，曲阜孔庙旋毁旋修，从未废弃，在国家的保护下，由孔子的一座私人住宅发展成为规模形制与帝王宫殿相埒的庞大建筑群，是分布在中国其他各地以及朝鲜、日本、越南、印度尼西亚、新加坡、美国等国家两千多座孔子庙的范本，其延时之久，记载之丰，可以说是人类建筑史上的特例。

兖州　青州　徐州

子贡庐墓处　弟子泪不干

孔子死后,众弟子守墓三年,相别而去,唯有子贡(名端木赐)又在墓旁守护了三年。后人为纪念此事,在子贡守墓处建三间西屋,立碑题"子贡庐墓处"。说起子贡与孔子之间深挚感人的师生情谊,还有一个发人深思的故事。

鲁国有一条法律,鲁国人在国外沦为奴隶,若有人能把他们赎出来,可以到国库中报销赎金。有一次,孔子的弟子子贡在国外赎了一个鲁国人,回国后拒绝收下国家报销的赎金。孔子说:"赐呀,你采取的不是好办法。以后,鲁国人就不肯替沦为奴隶的同胞赎身了。你如果收回国家的补偿金,并不会损害你的行为的价值;而你不肯拿回你抵付的钱,别人就不肯再赎人了。"孔子的另一名弟子子路救起一名落水者,那人感谢他,送了一头牛,子路收下了。孔子说:"这下子鲁国人一定会勇于救落水者了。"

可见,孔子对道德的评价标准,不在于细究行为本身背后是否有纯粹的道德心,而在于此种行为能否形成良好的道德激励。如果一味地强调道德的高尚性,而忽视了好人好事应有的社会回报,那么道德行为就有难以为继的危险。

孔林

孔林又称为"至圣林",位于曲阜城北侧1.5公里处,是孔子及其后代的墓地。公元前479年孔子葬于孔林后,两千多年来,不断有孔子后代的墓地加入,至今林内坟冢已10万余座,面积达2平方公里,是我国现存规模最大、持续年代最久,同时也是保护最为完整的一处家族墓地。

孔林前有神道,两侧遍植桧柏。神道路中于明万历年间修建有万古长春坊。万古长春坊东西两侧各有方亭一座,亭内立有石碑。神道尽头为孔林大门,称为"大林门",门前有明朝所建"至圣林"坊,后于清代重建,是孔林的入口。进入大林门,高大的围墙将大林门与二林门之间围成一个封闭的纵深空间,挺拔的桧柏、夹峙的红墙间辟出一条狭长的甬道,将人的视线引向高耸的二门城楼。折而向西,过洙水桥,沿轴线前行,登墓门,穿甬道,过享殿,入墓园,先人孔子便长眠于此。

孔林内古木参天,碑碣如林,石仪成群,除汉碑移入孔庙外,地面上还有宋、金、元、明、清、民国等各个时期的墓碑和谒陵题记刻石四千余块,保存着宋、明、清各代石人、石马、石羊、石狮、望柱、供桌和神道坊等石仪近千件。埋葬于孔林的孔子嫡系后人已至第七十六代,旁系子孙已至七十八代,由周至今,全无间断,延续时间之久,墓葬数量之多,保存之完好,不得不说是一个奇迹。孔林的地上文物对于研究我国墓葬制度的沿革,以及我国古代政治、经济、文化、风俗、书法、艺术等都具有很高的价值。

曲阜"三孔"所保留的历史古迹极为丰富和珍贵,品位之高、规模之大、数量之多、影响之深远,在全世界同类城市中几乎是独例。博大厚重的文化影响、世界顶级的文化遗产和古迹,不仅使曲阜成为伴随历史发展的千古圣城,也为曲阜城市的未来发展形成了独有的魅力和永不枯竭的底蕴。

兖州　青州　徐州

稷下争鸣　淄博

"淄博"中的"淄"指的是淄水,"博"是博山的简称,是齐文化的发祥地,有着深厚的底蕴与兼容各家的文化氛围。东夷民族创造了领先神州的史前文化,形成了开明、开放的文化传统。太公封齐,开国伊始,采取"因其俗,简其礼"的方针,保留了齐地原有的文化基础,齐文化在此基础上开始萌芽。

山东地区常被称作"齐鲁大地",缘起于先秦时,齐、鲁两国的旧址大体与山东区域相仿。西周初建时,东部沿海地区殷人和东夷人的势力强大,不服统治,屡次发生叛乱。于是西周统治者派周公和姜太公东征,平定了武庚和商奄叛乱,周武王便将周公和姜太公封于商奄和薄姑旧地,分别建立了鲁国和齐国。齐与鲁两个封国,是西周在东方代行统治权的两个重要阵地。

鲁国在受封之初,就被周朝统治者作为加强对东方统治的政治中心。相对齐国"因其俗,简其礼"的治国方针,鲁国采取了"革其俗,变其礼"的方式,全面有力地在政治上、思想上、文化上贯彻了周王朝的礼乐制度,促进了鲁国文化的发展。周王朝东迁之后,西周的政治文化中心宗周衰落,"天子失官,学在四夷",曲阜因保有大量的周礼文化而成了全国文化中心,"周礼尽在鲁矣"。尤其是孔、墨的兴起,使鲁文化达到了空前的繁荣。然而,到春秋末期,鲁国国势衰落,以礼乐为核心的周文化不能满足时代发展的需求,以曲阜为中心的鲁文化地位也岌岌可危。

齐国与鲁国北面接壤,与鲁国不同的是,自姜太公起便不断进行改革,政治环境宽松,经济迅速发展,到齐桓公时设稷下学宫,招揽群贤,任用管仲、鲍叔牙等人才,在文化上促进了夷、周文化的融合,扭转了鲁强齐弱的格局,后来居上,称霸诸侯,周王朝的文化中心便从曲阜转移到了淄博。

稷下学宫

稷下学宫,又称稷下之学,是由战国时期田齐开创的官办高等学府,始建于齐桓公田午时期(前374—前357),因建于齐都淄博的稷门之下而得名。刘向《别录》记载说"齐有稷门,齐城门也。谈说之士期会于其下",《春秋传》中也记载"莒子如齐,盟于稷门"。战国时期,齐国为稷下先生提供宽松自由的政治环境,推行优等待遇,"皆赐列第,为上大夫",并"受上大夫之禄",即拥有相应的爵位和俸养,允许他们"不治而议论",意为不任职而论国事,可谓尊宠有加。而且对其言行不加干涉,稷下先生来去自由,可以毫无顾忌地交流学术、相互争鸣,阐发政治主张。

稷下学宫发展至兴盛时期,几乎容纳了当时"诸子百家"中的各个学派,其中主要有道、儒、法、名、兵、农、阴阳、轻重诸家,汇集了天下贤士达千人左右,著名的学者有孟轲、淳于髡、邹衍、田骈、慎到、申不害、接子、季真、环渊、彭蒙、尹文、田巴、儿说、鲁仲连、驺奭、荀况等。淄博成了百家争鸣的阵地、学术交流的中心,是中国历史上第一次思想解放运动的策源地。

荀子(约前313—前238),名况,字卿,时人尊称"荀卿",曾三次

荀子

出任齐国稷下学宫的祭酒。他是稷下学宫的最后一个大师,他立足儒家,对稷下学术进行了全面的批判性总结,从人性论、认识论、政治理论、天人关系等诸方面对稷下学术进行了吸取和修正,从而将诸子学术推向高潮,成为战国诸子学的真正总结者。

各学派在稷下通过论辩争鸣,取长补短、相互渗透、相互补充,取得了长足的发展。孔子的儒学由孟子、荀子分别加以改造、重建;墨学在宋钘、尹文那里发生了重大变化;老子的道家之学经由慎到、田骈等人的创造性发挥得到改观;邹衍阴阳五行学说的提出,极大地冲击了人们的思想观念。稷下学派在批判、继承的过程中,还在原有学派的基础上发展出一些新的学派与思想,如黄老学派、齐法家、阴阳五行学说、名辩思潮等。他们的争鸣通过稷下得以实现,促进了思想认识的深化和理论学术的繁荣,使百家争鸣达到顶峰,还使这一时期成为中国历史上诸子百家政治学术思想大融合的重要时期。

稷下学宫作为齐国的智囊团,为齐国君主称霸诸侯而广造舆论、出谋划策;作为学术活动中心,也是文人学士议学议政的绝佳场所。它的存在,既炫耀了齐国国力,又显示出齐王的"好士"之心。各诸侯国对此羡慕不已,争相效仿,产生了诸多类似的门馆、学馆,如秦国吕不韦门馆,养士三千人,使人人著所闻,编辑而成《吕氏春秋》,书中的一些篇章直接反映出稷下黄老之学和管仲学派的思想;楚国的兰台学宫,有战国"四公子"之称的齐国孟尝君门馆、赵国平原君门馆、楚国春申君门馆、魏国信陵君门馆也都养士数千人,著称于世。这些门馆、学宫在规模和影响上虽不及稷下学宫,但是对发挥士人才智、促进学术文化的交流与发展也产生了相当大的作用。

稷下学宫的建立是中国古代文化史和学术史上极其重要的事件,齐国招揽天下学者、精英,融诸子百家之学说,成就了中国思想界"百家争鸣"的繁荣局面,自此开始,周王朝的文化中心由曲阜向淄博转移。

管仲与《管子》

在稷下学宫各家学派中,管仲学派出现较早,是典型的齐本土文化。管仲(前719—前645),姬姓,管氏,名夷吾,字仲,谥敬,是我国古代重要的政治家、军事家、思想家,也是先秦诸子中法家学派的代表人物。齐文化有重谋略、尚武功、善理财的特点,这一点由《管子》可见一斑。

管仲

《管子》一书以管仲命名,是记录管仲的思想言行的著作,也被看作是齐国的治国方针和纲领。全书共24卷,85篇,今存76篇,内容丰富,包含道、儒、名、法、兵、阴阳等学派的思想以及天文、舆地、经济和农业等方面的知识。其中《轻重》等篇是古代典籍中不多见的经济文献,对生产、分配、交易、消费、财政、货币等均有论述,是研究我国先秦农业和经济的珍贵史料。《管子》以黄老道家为主,既提出以法治国的具体方案,又重视道德教育的基础作用;既强调以君主为核心的政治体制,又主张以人为本,促进农工商业的均衡发展;既有雄奇的霸道之策,又有坚持正义的王道理想;既避免了晋法家忽视道德人心的倾向,又补充了儒家缺乏实际政治经验的不足,在思想史上具有不可磨灭的重要地位。

《管子》是先秦时期论述经济问题最多的一部著作,其对

兖州　青州　徐州

"用财"的论述丰富而独到。《管子》所说"用财"的"财",与我们现在所说的财富有所不同,它主要是指粮食、桑麻、六畜、土地、森林、矿藏等生产品,及其制造品如武器、衣服、车等,还包括自然资源。《管子》非常重视"用财",把"用财"放在与天时、任官同等重要的地位上。管仲认为:"天下不患无财,患无人以分之……审于时而察于用,而能备官者,可奉以为君也。"意思是说,天下不怕没有财货,怕的是没有人去管理它,如果通晓天时,善于用财,而又能任用官吏的,就可以奉为君主了。

管鲍之交

管仲和鲍叔牙都是生活在2650多年前春秋时期的齐国人,也都是当时著名的政治家,他们年轻的时候就相交,有"管鲍分金"的美谈。后来各为其主,在齐国王位继承权的争夺战当中,齐襄公的两个弟弟互不相让,鲍叔牙鼎力相助公子小白,而管仲则辅佐公子纠。管仲为了让公子纠继承王位,曾射了公子小白一箭,不料却射在了小白的带钩上。公子小白咬破舌头,大叫一声,假装身亡,骗过了管仲,暗地里连夜赶往齐国,在公子纠之前抵达国都淄博,顺利取得了王位,称为齐桓公。

齐桓公继位后,本想命鲍叔牙为相,然而鲍叔牙极力推荐管仲。当时的管仲还和公子纠在鲁国,齐桓公就以讨要罪人为由,向鲁国要管仲。鲁国的施伯了解管仲是有才之人,怕齐国会重用管仲,成为祸患,便想杀掉他,幸亏齐国使者向鲁庄公请求活捉管仲回国得到应允,管仲方安全被送到了齐国。管仲回到齐国以后,本以为必死无疑,没想到却被齐桓公委以重任,官拜宰相。于是管仲辅佐齐桓公,大刀阔斧进行改革,齐国得到大治,国力大增。管仲又建议齐桓公打出"尊王攘夷"的旗号,存邢救卫,九合诸侯,一匡天下,最后齐国终于称霸诸侯,成为"春秋五霸"之首。

鲍叔牙举荐管仲，齐桓公拜管仲为相，成为天下美谈。管仲也不负所望，经过了二十多年的改革整顿，对内，齐国的政治、经济、军事都是蒸蒸日上，很得民心；对外，齐国展示威信，使诸侯都凝聚在齐国的麾下，齐桓公的霸业如日中天，管仲也因此被称为"春秋第一相"。

齐风鲁韵

周武王率群雄，一举推翻了纣王的统治，平定天下，姜太公和周公分别被封为齐国和鲁国的开国之君。《淮南子·齐俗训》中记载了一段经典对话，揭示了姜子牙和周公两位思想家深刻的见地以及治国方式的巨大差异。

> 西太公望、周公旦受封而相见。
> 太公问周公曰："何以治鲁？"
> 周公曰："亲亲尚恩。"
> 太公曰："鲁从此弱矣！"
> 周公问太公曰："何以治齐？"
> 太公曰："举贤而尚功。"
> 周公曰："后世必有劫杀之君！"
> ——《淮南子·齐俗训》（节选）

虽然双方都认为对方说得有道理，但是回国后，依旧按照自己的想法进行国家治理，在治理方式和选拔人才上体现出明显的差异。

在治国方式上：

齐国治国遵从"因其俗，简其礼"。齐文化倾向因地制宜，"通工商之业，便渔盐之利"，以灵活的态度对周王朝制度进行改革。齐桓公时期,管仲提出"政不旅旧"的主张,通过"四民分业""相地而衰征""尊王攘夷"等内政外交措施,稷下学宫广纳人才,采取"不治而议论"的方针,使得经济繁荣、军事强盛、国力强大,成为春秋战国的霸主。

鲁国治国遵从"变其俗,革其礼"。鲁文化注重宗法制度,崇尚先王之训,讲究礼乐教化,事事以周礼为最高准则。因而在鲁国不论是"国之大事",还是往来小节,无不循礼而为,如孔子所说:"非礼勿视,非礼勿听,非礼勿言,非礼勿动。"虽然周礼得到了保存和发展,但不思变通的文化性格使鲁国逐渐走向衰弱。

在选拔人才上:

齐国遵循"举贤尚功"的原则,选拔人才不以富贵亲近为准,而是看中个人能力,鼓励竞争,选取强者能人。因此与齐君异姓的管仲、鲍叔牙、晏婴等才可能被任为列卿,运用智慧改革齐政,运用谋略与各诸侯周旋。军事谋略家孙子、孙膑也同样提出"用智为先",战争只是实现政治目的的手段等先进论题。齐康公时,权臣田氏家族兴起,篡国自立为齐国国君,史称"田氏代姜"。齐国文官、武官均崇尚"权谋","其俗宽缓阔达,而足智,好议论",使齐国的经济和军事都得到了发展。

鲁国则遵循"亲亲尚恩"的原则,只任用血亲和贵族,加固了宗族的稳定性。鲁文化则以崇德尚义为鲜明特征。历仕四世(庄、闵、僖、文)的大夫臧文仲主张以德治民,认为"德之不建,民之无援"。孔子说:"不义而富且贵,于我如浮云。"孟子说:"生亦我所欲也,义亦我所欲也;二者不可得兼,舍生而取义者也。"于是,"其民有圣人之教化……濒洙泗之水,其民涉度,幼者扶老而代其任",君主大力提倡,圣人言传身教,鲁国重德义的社会道德风尚深入人心。

《淮南子·齐俗训》中记载,周公说太公的治国之道功利,"后世必有劫杀之君",齐国传到第二十四代,国君懦弱,果然发生了"田齐代姜"的弑君事件。太公说,周公的治国方式保守,鲁国会一代代衰落,后来的鲁国国势果真日渐衰落,但权力一直掌握在周公后人的手中,传到第三十二代,鲁亡。姜太公和周公旦的预言穿越千年,得到历史印证,他们的思想之深邃、见地之深刻让后世震撼不已。而由于姜太公和周公旦的治国作风和思维方式的不同,直接影响了齐鲁文化的千年发展,形成了风格迥异的齐风鲁韵,时至今日,回首这段历史,仍让人嗟叹不已。

兖州　青州　徐州

弘毅泉城　济南

《诗经·大东》里有诗云"有洌氿泉,无浸获薪",意思是"到处都是泉水,连个放干柴的地方都没有"。写这句诗的人就生活在两千多年前的泉城济南区域。济南位于山东省中西部,南依泰山,北跨黄河,因其境内泉水众多,素有"四面荷花三面柳,一城山色半城湖"的美誉,是中国著名的历史文化名城。

济南城市历史悠久,在中国最早的文献——安阳殷墟的甲骨文里,就有指代济南的"泺"字。这个"泺"字可以指"泺水",是济南的一条河;也可能指泺水的源头,即"泺源",就是"趵突泉"。这是现存文献中最早的有关济南的文字记载,距今已有近3500年的历史。

济南的风韵来源于济南淙淙的泉水,流淌在济南幽幽的护城河,荡漾在济南碧波的大明湖,她不似南方的温润和小家碧玉,济南所特有的清秀灵动中透着雄浑和阳刚,济南的城市性格既充满鲜活的文化气息又不失豪爽。济南还是一个充满诗情画意和人文气息的城市,许多的文人名士在这里留下了吟诵千年的诗句。

泉城济南

济南地处鲁中南低山丘陵与鲁西北冲积平原的交接带上,地势南高北低,属于暖温带大陆性季风气候区。这里四季分明,日照充足,年平均气温14℃,年平均降雨量650—700mm,这样的自然条件非常适合人类居住。这里风光秀丽，拥有丰富的自然资源，泰山山脉丰富的地下水沿着石灰岩地层潜流至济南，被北郊的火成岩阻挡，于济南市区喷涌而出形成众多泉水，成就了这样一座以泉水众多而著称的美丽城市。趵突泉、大明湖、千佛山、灵岩寺、红叶谷、环城公园、跑马岭风景区等都有着著名的泉水景观。

济南的泉水，以其流量之大、景色之美、形态之雅、水质之优，独步天下，尤以趵突泉、黑虎泉、五龙潭、珍珠泉四大名泉久负盛名。而在以这四大名泉为首的泉群之外，还有无数的郊区泉群，这些纵横分布的泉群合称为"七十二名泉"。千百年来，有的新生，有的隐没，众泉如翡翠般在济南这一方水土上镶嵌，日夜叮咚，光彩闪耀，它们汇流而成的大明湖与周围的千佛山、五峰山、灵岩寺云山等构成了"一城山色半城湖"的独特泉城风光。山光水色在这里得到了最好的结合，让济南无愧于"天下泉城"之美名。

而作为"七十二名泉"之首的趵突泉，其文字记载的历史可上溯至殷商时期，迄今长达三千五百多年。趵突泉是古泺水之源，古时称"泺"，宋代曾巩为其定名为"趵突泉"。亦有"槛泉""娥英水""温泉""瀑流水""三股水"等名。所谓"趵突"，即跳跃奔突之意，反映了趵突泉三窟迸发、喷涌不息的特点。北魏郦道元《水经注》记趵突泉曰："泉源上奋，水涌若轮。"《历城县志》中对趵突泉的描绘最为详尽："平地泉源鬐沸，三窟突起，雪涛数尺，声如殷雷，冬夏如一。"泉北有宋代建筑"泺源堂"，西南是明代建筑"观澜亭"，池东为"来鹤桥"，桥南立木牌楼，上书"洞天福地""蓬山旧迹"。清乾隆南下游览，观趵突泉后极为赞赏，当即题"激瑞"，封趵突泉为"天下第一泉"，留《趵突泉游记》石刻碑文。

趵突泉东北侧为金线泉。泉中金线忽隐忽现，弯曲多变，明亮有光，奇妙有致；金线泉以东为漱玉泉，绿柳飘指，清水碧波,金鱼戏水,十分优美,泉北有幽雅恬适、翠竹婆娑的"李清照纪念堂",是纪念宋代著名女词人李清照的地方;黑虎泉在金线泉东,深凹如洞穴,泉水汩汩上涌,幽深清澈,绿如翡翠,清似琼浆,过洞前三个石雕虎头,飞溅于方池;其附近有琵琶泉,常年流水淙淙,似琵琶乐声不断;漱玉泉东北,峡壁下奇石峭立,其中分布着马跑、浅井、洗钵等泉,周围又有似九天仙女梳洗的九天泉,似亭亭玉立的出水芙蓉的花莲泉等14处美泉。

金线泉传说

关于金线泉,很多诗文中都有记载,如北宋诗人苏辙留有"枪旗携到齐西境,更试城南金线奇"的赞咏之句。北宋散文家曾巩《金线泉》诗云:"玉甃常浮灏气鲜,金丝不定路南泉,云依美藻争成缕,月照灵漪巧上弦。"北宋临淄人王辟之在《渑水燕谈录》中也详细记载了他游济南见到金线泉的情况:"齐州城西张意谏议园亭有金线泉,石甃方池,广袤丈余。泉乱发其下,东注城壕中,澄清见底。池心南北有金线一道隐起水面,以油滴一隅,则线纹远去,或以杖乱之,则线辄不见。"今天去济南仍旧能够见到这个神奇的金线泉,当地还流传着它美好的传说。

相传在上古舜为帝时,历山脚下住着一个心灵手巧的好姑娘,跟着奶奶学成一手刺绣的好本事。可当时人们还没发明颜色,为把绣品上的花鸟图案绣得栩栩如生、色彩鲜艳,姑娘每天都要跑到深山里,采集各种颜色的山花野草和树叶,用花汁、草叶、槐角染线。她执着的精神感动了天上的仙女,仙女赐给她一条金闪闪的丝线,对她说道:"念你心诚,赠你金线三尺,用时只念'金线金线,随我心愿,造福众人,灵光闪闪',它就使不完,用不尽。"从那以后,姑娘便用这三尺使不尽、用不完的金线来刺绣,使乡亲们都穿上了色彩绚丽的衣裳。不料这件事让一个名叫黑老豹的恶霸发现,便派人把姑娘抢到家中,强逼她交出金线。姑娘宁死不交,最终化作一泓清泉,而那神秘的金线也永远伴随着姑娘在泉中时隐时现。

泉城济南的风光天下独绝,而独特的泉水赋予了济南极为深厚的文化气息和人文底蕴。每一处名泉的背后都隐藏着一个美丽动人的故事,每股泉水都是一首诗、一支歌、一幅画、一个美好的传说。济南的人们爱护着泉水,泉水滋养着城市,城市承载着人们,泉水、城市和济南人的情感交织在一起,成为一道独特的"天下泉城"人文美景,而这种人文美景将与泉水永存,给古城济南带来永续的生机与活力。

弘毅济南

济南在中国历史上体现出一种"弘毅精神"。王育济先生在《济南历史文化的变迁与特征》一书中说:每当有大的历史变故之际,以济南或以济南为中心的周边地区,每每会担承起文化复兴或历史转型的责任,这是济南历史文化一个非常显著的特征。伏生,名胜,济南人,从10岁起就攻读《尚书》,"以绳绕腰领,一读一结,十寻之绳,皆成结矣",可见其用功之勤。伏生曾做过秦博士,当秦始皇颁布焚书令时,伏生与孔子的九世孙孔鲋冒险把儒家学派的经书收藏起来,不使绝灭。秦亡汉兴,伏生取出所藏的《尚书》,广为传播。宋代曾巩由典故"伏生献书"引发的感慨"依然自昔兴王地,长在南阳佳气中"便是文明复兴、江山再造的隐喻。

事实的确如此,不仅秦汉之际有"伏生献书"这样挽救文化的壮举,还有"终军弃繻"与"终军请缨"的典故;邹衍"睹有国者益淫侈,不能尚德",创立"五德终始说";房玄龄"慨然有忧天下志",杖策投唐;泰山学派与儒学的复兴和"宋明理学"

兖州　青州　徐州

的产生;"济南二安"与宋词的婉约派、豪放派;严实的"东平府学"与"元曲"的繁荣等等。可以说,在整个济南的文化历史中,始终洋溢着一种十分突出的担当精神,一种特别强烈的责任意识。

终军弃繻与终军请缨

终军,字子云,西汉时期济南人。年少好学,因博学多才在郡中闻名。18岁时被选为博士弟子。于是,终军从济南入函谷关,到国都长安游历。到了关口,守关官吏给他一块布帛凭证。终军问:"拿这东西有什么用?"官吏说:"这是繻帛,作为返回的凭证,回来时应该拿它合符。"终军说:"大丈夫到国都游历,没有成就,便决不返回。"说完,便丢下凭证走了。

终军到了长安,上书谈论国家大事,汉武帝认为他的文章与众不同,任命他为谒者给事中,令其巡视郡国。终军持节书又至函谷关,此时的他自然不需要繻帛出关了。那个官吏认出终军,便感叹说:"这个人便是先前丢弃繻帛的人啊。"唐人胡宿有诗赞道:"望气竟能知老子,弃繻何不识终童。""弃繻"这个词便出自这里,意为年少立大志,决心创立事业。后来终军巡视郡国回来,将所见所闻编撰成书,汉武帝看了十分高兴。

武帝时期,北方匈奴入侵,威胁着汉朝的安全。汉武帝在武力讨伐匈奴的同时,也曾派使节到匈奴说降,但汉朝使者在匈奴多遇不测。终军不顾个人安危,主动请求出使匈奴。汉武帝询问他对匈奴之策,他对答如流,汉武帝十分满意,便擢升他为谏大夫。

终军一生中,最重要的外交活动,是为国请缨,出使南越。到达南越后,他凭着赤心和辩才,终于说服了南越王赵兴,答应全国归属汉朝。然而,拥有权势的南越相吕嘉,坚决反对南越臣服于汉,竟然杀害了南越王、王太后和留守南越的终军等汉朝使者。终军这位赤心报国的少年英雄,被杀害时年仅20岁,世人称之为"终童"。后以此典故指主动担当重任,建功报国者。

济南地处于齐、鲁之间,南接儒家文化的发祥地鲁国,北连百家争鸣的学术重镇齐国,兼收南北之长,并蓄齐风鲁韵,形成了以鲁国的仁德与齐国的才华相结合的独特的文化品格,有"齐鲁雄都,海佑名城"的美誉。趵突泉畔品香茗,杜康泉边话酒香,琵琶桥头听泉声,寿康泉边浣衣嬉戏……济南富足的泉水惠及了生于斯、长于斯的泉城百姓,泉水是济南流动的血液,以灵动的姿态映射着济南历史,传承着弘毅的济南精神。

兖州　青州　徐州

五岳独尊　泰山

泰山位于山东省中部的泰安市,主峰天柱峰海拔1545米,起于丘陵之上,如鹤立鸡群,气势雄伟磅礴,享有"五岳独尊""天下第一山"的美誉。

五岳中,有"泰山如坐""恒山如行""嵩山如卧""华山如立""衡山如飞"的说法。泰山作为五岳之首,较之于其他四岳,造型稳重的山势特点尤为突出。它处于黄河下游中部,东临山东丘陵和大海,南临淮河及长江中下游平原,西边有太行山脉,背面则是华北平原以及燕山山脉,是古人繁衍生息的中心地带及古代文化的重要发源地,是古华夏文明的主要发祥地之一。

封禅大典是泰山古已有之的重大礼仪,历代文化名人慕名而来进行诗文著述,留下了数以千计的诗文刻石。泰山上的古树名木也因此得到了保护,生存了千年。泰山上帝王文化浓郁,又临近曲阜,儒释道交融的文化成为泰山地区传统文化的特色,包含着深刻的政治烙印、浓烈的人文气息、厚重的民俗气氛和鲜明的宗教色彩,郭沫若先生称其为"中华文化史的局部缩影"。

封禅大典

泰山的封禅文化可以追溯到远古时期的高山祭祀活动。《史记·五帝本纪》中记载:黄帝"东至于海,登丸山,及岱宗,西至于空桐,登鸡头";舜帝在受命"摄行天子执政"时,"舜乃在璇玑玉衡,以齐七政。遂类于上帝,禋于六宗,望于山川,辩于群神"。及至战国末年,"封禅"之说产生,明确了封禅的概念:"封"为祭天,即在泰山之巅筑台增泰山之高以祭天帝,意在帝王之权得之于天,祭天以示表功于天;"禅"为祭地,即在泰山脚下堆筑方坛,意在增加大地之厚,祭地神以报大地养育之恩。

封禅的具体仪式富有象征性,在泰山封禅是向天下告知,帝受王命于天,向天告太平,对佑护之功表示答谢,还要报告帝王的政绩如何显赫。不仅如此,班固说:"故升封者,增高也;下禅梁父之基,广厚也;刻石纪号者,著己之功绩以自效也。天以高为尊,地以厚为德,故增泰山之高以报天,附梁父之阯以报地,明天地之所命,功成事遂,有益于天地,若高者加高,厚者加厚矣。"由此可见,封禅包含着一层更为深刻的含义:沟通天人之际,协调天、地、神、人之间的关系,使之达到精神意志与外在行为的和谐统一。

传说我国古代到泰山封禅的有七十二君,司马迁在《史记·封禅书》中认为,封禅始于伏羲氏以前的无怀氏。秦汉以后,秦始皇、汉武帝、汉光帝、唐高宗、唐玄宗等,至宋真宗止,都曾来到泰山封禅告祭,在宋真宗之后,帝王来泰山只举行祭祀仪式,不再进行封禅。

由于泰山是五岳中封禅最早、次数最多的山岳,这也使得泰山的地位尊崇无比,成为当之无愧的五岳之尊。同时,历代帝王的泰山之旅也给当地留下很多古迹与传说,使古老的泰山文化更具人文色彩。

古树名木

由于泰山"五岳之尊"的地位,中国历代帝王对泰山的树木花草都十分重视,有很多皇家旨意成就了今天泰山上众多的活文物,也为今天的人们津津乐道。相传秦始皇登泰山时见山中花草很少,便下令"勿伐草木";唐玄宗开元十三年(725)封禅泰山,礼毕降旨"近山十里禁止樵采";后晋天福三年(937)"断岳镇樵苏";宋真宗于大中祥符元年(1008)诏"泰山四面七里并社首,徂徕俱禁樵采",登山道中"树当道者令勿伐"。金代章宗时,"山东多盗,潜匿泰山岩穴间,按察司请砍除林木,统军使曰:岱宗王者受命封禅告代,国家虽不行其事,山亦不可赭也,议遂寝"。由此可见,泰山的林木植被由于得到了皇室般"呵护",现存的很多古树名木都具有极珍贵的价值。

泰山有古树名木18195株,隶属27科45种,其中一级古树名木(指树龄在300年以上或特别珍贵稀有、具有重要历史价值和纪念意义)1821株,二级古树名木16374株,列入遗产名录的有24株,已经命名的古树或古树群有60余处。在泰山,很多古树名木都被赋予了神话色彩,如孤衷柏、"宁死不屈"柏、三义柏、姊妹松等,它们成为了泰山的活文物,是泰山历史发展的见证,不可再生的宝贵财富。

岱庙汉柏院内有一株汉柏叫"赤眉斧痕",相传西汉末年赤眉军驻扎于泰山,士兵举斧砍向岱庙内古树,柏树竟流出血来,这使赤眉军大为恐惧,停止砍伐,但斧痕保留至今。历经两千余年,此树仍生长旺盛,青翠欲滴,这一传说世代相传,教育后代保护好古树。如今岱庙内仍保留着五株汉柏,成为泰山最古老的树木。

泰山的古树名木是自然与人文的结合,是泰山艺术气息和文化内涵的体现,它们升华了泰山的自然环境和古老历史,是宝贵的泰山遗产。

先贤名士

泰山不仅是古代帝王的封禅之地,还是历代文人登临之处,很多历史上有重大影响的文人都曾到泰山泼墨留文、抒发情怀,这些诗文将泰山巍峨雄壮的风景和人的性情胸怀描写得淋漓尽致,其中就有很多脍炙人口的诗句流传至今。比如杜甫的《望岳》中的第一首:

> 岱宗夫如何,齐鲁青未了。
> 造化钟神秀,阴阳割昏晓。
> 荡胸生层云,决眦入归鸟。
> 会当凌绝顶,一览众山小。

这首诗通过描绘泰山雄伟磅礴的气势和神奇秀丽的景色,流露出诗人对祖国山河的热爱之情,表达了他不怕困难、敢攀顶峰、俯视一切的雄心和气概,以及卓然独立、兼济天下的豪情壮志。

唐代著名诗人李白登泰山时,观泰山迷雾似飘飘然有出世成仙的感觉,写下六首《游泰山诗》,其中第五首描写他登上日观峰所见的泰山日出的壮丽景象,令人仿佛看到一位逸态凌云、吐纳天地精华的诗仙屹立泰山极巅的傲岸形象!

> 日观东北倾,两崖夹双石。
> 海水落眼前,天光遥空碧。
> 千峰争攒聚,万壑绝凌历。
> 缅彼鹤上仙,去无云中迹。
> 长松入云汉,远望不盈尺。
> 山花异人间,五月雪中白。
> 终当遇安期,于此炼玉液。

孔子与泰山也有不解之缘,传说孔子叹"登东山而小鲁,登泰山而小天下"的地方即为孔子崖,又名"孔子小天下处"。泰山上跟孔子有关的景点还有"孔子登临""舍身崖""斗虎涧"等。

传孔子登泰山遇妇人哭于坟,问其故,妇人言:"我公爹及丈夫都被老虎害了,如今儿子又惨遭虎口。"孔子劝道:"为何不到山外面去居住?"妇人哭诉:"这里没有残酷的统治啊!"孔子哀叹道:"苛政猛于虎也!"孔子临终时还作赋《邱陵歌》,哀叹:"泰山其颓乎!哲人其萎乎!"可见泰山对孔子思想的影响。

岱庙

又称东岳庙、泰庙,位于泰山南麓,是古代帝王奉祀泰山神、举行祭祀大典的场所。岱庙创建于汉代,至唐时已殿阁辉煌,金元明清多次重修,是泰山上延续时间最长、规模最大、保存最完整的一处古建筑群。岱庙城堞高筑,庙貌巍峨,其建筑风格采用帝王宫城的式样,周环一千五百余米,庙内各类古建筑有一百五十余间。宋真宗大举封禅时,又大加拓建,修建天贶殿等,更见规模。岱庙与北京故宫、山东曲阜"三孔"、承德避暑山庄和外八庙,并称中国四大古建筑群。

岱庙内碑碣林立,数量众多。今存历代碑碣石刻三百余通,素有"岱庙碑林"之称。这里有中国现存最早的刻石——秦李斯小篆碑,有充分体现汉代隶书风格的"张迁碑""衡方碑",有晋代三大丰碑之一"孙夫人"碑,有形制特异的唐"双束碑",以及宋至清历代重修岱庙的御制碑等。这些碑刻集我国书法艺术之大成,自秦至清,从王羲之、王献之父子到宋代苏、黄、米、蔡四大家,真、草、篆、隶诸书皆备,颜、柳、欧、赵各体俱全,篆刻技术精到,钩画清晰,实为书法宝藏之一。

据传,以前岱庙内有一块石碑微微向东倾斜,北宋时候,王安石、苏东坡一道来泰山游玩,来到贷庙,看到这块石碑,引起了二人的兴趣。随行人员也都议论纷纷,有的说是历经数百年后,下面的乌龟吃不住劲了;也有的说乌龟欲往东海,以此示人,众说不一。这时,苏东坡想起当年王安石和他开了个玩笑,把他"贬"到黄州,便想借此捉弄一下王安石,就若有所思地说道:"恨当年安石不正。"说完示意王安石续接。王安石才思过人,便若无其事地吟道:"到如今仍向东坡。"从此"东斜碑"故事脍炙人口。而今重整石碑,斜碑扶正,遂不知所指何石。

店小二写"山"

岱庙汉柏院内一块石碑上刻着"第一山"三个雄浑的草书大字,这是宋米芾的手书。书家称"第"如美女簪花,顾盼多姿;"一"如潜龙伏行,蜷曲遒劲;"山"如山中道士清标绝俗,的确是米芾的力作。可传说中"山"字是请当时"泰山酒家"的一个善书小伙计写的。相传宋朝后期,京城一位老宰相到泰山游玩,想请京城当时的大书法家米芾写"第一山"三个字刻碑立在岱庙里。话说当时米芾年事已高,来到泰安州见过老宰相,抱病提笔。他蘸饱了浓墨,手起笔落,一个笔力遒劲、结构严谨的"第"字,便跃然纸上,接着又挥笔写了个"一"字。可当他落笔写"山"的时候,顿觉头晕目眩,天旋地转,大家连忙七手八脚地把他抬到床上,不多时他便去世了。老宰相十分懊悔,一方面忙令人将米芾安葬,一方面另请书法家续写"山"字。

老宰相在岱庙里呆了七八天,全国有名气的书法家都请遍了,但都配不上米芾写的这两个字。一天,他在岱庙里住着感到无聊,便出岱庙南门,往通天街走,想看看市容,散散心。走不多远,见有一家酒馆,酒馆门口有一个招牌,上写"泰山酒家"四个字。老宰不禁愣住了:这四个字写得很有功力,不知是哪位书法

兖州　青州　徐州

家写的？于是走进酒馆，向掌柜打听，掌柜得知了老宰相的身份，忙说："这招牌上的字，是本店小伙计自己写的。"老宰相心中大喜，忙叫掌柜把小伙计叫来，让他重写"泰山酒家"四个字，当店小伙写到泰山的"山"字时，老宰相不禁拍案叫绝，因为他写的这个"山"字，和米芾的字体一样，像出自米芾一人之手。后来，店小二写"山"字的故事传播开来，他也成为一名小有名气的书法家。

五岳各有特色，不一而足，其形态"如坐""如行""如卧""如立"甚至"如飞"。而对山之喜好，又因人而异，比如徐霞客钟爱黄山，认为"黄山归来不看岳"。那泰山"五岳之首"的称号是根据什么标准，如何得来的呢？从远古时代的祭天仪式，到后来更加规范复杂的封禅大典，泰山从古至今都是"神"的象征，被赋予了极尊贵的地位。得益于此，泰山上庙宇香火鼎盛，名石古木得到很好的保护，先贤名士纷至沓来，吟诗作赋，题字碑刻数不胜数，人文崇拜与宗教信仰相得益彰。可以说，泰山上的一切石碑、树木、庙宇都是泰山历史之源远流长、文化之博大精深的印证，这些都是其他山岳无法比拟的。可以说，神秘的远古崇拜、高贵的帝王文化、厚重的人文色彩，一并造就了泰山"五岳之首"名冠天下的称号。

扬州

《禹贡》云"淮海惟扬州","淮"是指淮河,"海"为东面的大海,意为淮河以南、大海以内的地区。淮河是我国一条重要的地理分界线,淮河以南,1月平均温度在0℃以上,属于亚热带,平均降水量在800 mm以上,地表泾流在200 mm以上,属于湿润地区。《周礼·夏官·职方氏》云"东南曰扬州",《尔雅·释地》亦云"江南曰扬州",其所指方位与《禹贡》所云大体是相当的。

扬州名称的来历,说法颇多。最为经典的表述,是因其自然地理特征而得名。《晋书》志第五《地理下》云:"扬州,以为江南之气躁劲,厥性轻扬。"亦曰:"州界多水,水波扬也。"依照《晋书》的记述,扬州名称的由来,或是因为南方温暖的气候,或是因为多水的环境,都确实反映了扬州的自然地理特征。

作为古九州之一的扬州,是一个地理区域名称,它在空间上是广大的,涵盖了今天苏皖两省淮河以南部分,沪、浙、闽、赣的全部,广东的东部地区,河南东南小部分地区,湖北的东部小部分地区。如果按照唐代《晋书》与《隋书》的记载,扬州的范围还要更大一些,可达到广东、广西和海南以及越南的北部地区。

  本章在扬州地界内选取四处著名地点,按照从东向西、由北向南的地理方位顺序,依次介绍能够代表扬州奇秀地貌的黄山、庐山的自然环境及其人文历史,以及分别代表扬州地区古代建筑特色与近代建筑特色的苏州园林和开平碉楼,以此展示扬州丰富多彩的自然地理特征和历史悠久的人文特色。

扬　州

水墨画卷　黄山

1616年的某天,一个疲惫的旅行家在黄山山麓前行。他身着麻衣,脚踏草鞋,腰上拴一个葫芦,头上戴一顶远游冠,扎紧的裤腿和袖口让他看起来敏捷而利索,脸上和身上到处都有长途跋涉留下的沧桑痕迹,但是看得出他不过30岁的年纪,还是个健硕的年轻人,然而举手投足间已然对爬山涉水十分熟练,他就是少年便立志要游遍中国山山水水的大旅行家徐霞客。此时的徐霞客已整整攀爬了两天,当他寻踪觅径、费尽周折地攀上光明顶的时候,已经筋疲力尽,浓密的云雾遮挡了他的视线。当他刚刚有些气力的时候,雾气渐渐化开,阵阵山风拂面而来,光明顶上云散日出,一片霞光灿灿,他极目远望,群山巍峨险峻,云雾翻滚飘动,不由得发出一连串的感叹:"登黄山,天下无山,观止矣!"这也是后来广为流传的"五岳归来不看山,黄山归来不看岳"的出处。

在中国只有气势宏伟的大山才能被称作"岳",而九州的五"岳"各有特色。东岳泰山之雄、西岳华山之险、中岳嵩山之峻、北岳恒山之幽、南岳衡山之秀早已闻名世界,然而气象万千的黄山却能集它们的雄伟、险峻、秀美和清幽于一身,在中国的自然景观中具有非一般的地位。

历史长河里的黄山吞吐着沧海桑田的博大之气,汇聚天地之间生生不息的生命旋律,葱郁的植物与动物相互依赖,分享着黄山的雨露滋润。这里生态系统平衡稳定,植物垂直分带明显,群落完整,森林覆盖率达到56%,植被覆盖率为83%,而野生植物有1452种,动物种类多达300种,是动植物良好的栖息地。同时黄山还是一座丰富的艺术宝库。自古以来,人们游览黄山,歌颂黄山,留下了丰厚的文化遗产,勾勒出了著名的黄山五胜:遗存、书画、文学、传说、名人。唐代诗人李白游览黄山时留下著名的诗作《送温处士归黄山白鹅峰旧居》至今仍在传诵:

> 黄山四千仞,三十二莲峰。
> 丹崖夹石柱,菡萏金芙蓉。
> 伊昔升绝顶,下窥天目松。
> 仙人炼玉处,羽化留余踪。

黄山现有楼台、亭阁、桥梁等各式古代建筑一百多处,多数呈翘角飞檐、古朴典雅的徽派风格。现存历代摩崖石刻近300处,篆、隶、行、楷、草诸体俱全,颜、柳、欧、赵各派尽有。文人雅士在观赏美景的同时,留下了浩如烟海的文学作品达两万多篇(首)。黄山还孕育了"黄山画派",创立了以黄山为主要表现对象的山水画派,在中国画坛独树一帜、影响深远。

黄山奇松

攀登黄山的必经之路上,有一棵参天耸立的松树。它形如招手,恰似一位好客的主人,热情招待着来自五湖四海的宾客,这就是黄山迎客松,其树龄已有八百多年。游客到此,顿时游兴倍增,纷纷摄影留念,引以为幸。黄山迎客松屹立在黄山风景区玉屏楼的青狮石旁,海拔1670米,树高9.91米,胸围2.05米,枝下高2.54米,树干中部伸出长达7.6米的两大侧枝展向前方,如张开的双臂。它慢慢成为知名度最高的中国古松,从国家领导人接待外宾的人民大会堂,至百姓客厅的壁画,都可以见到它的身影。它成为中国人好客、友好的象征。

黄山松,是在黄山的独特地貌和气候条件下形成的一种中国特有树种,属松科松属。迎客松便是著名的"黄山十大名松"之一,其余九松分别是:望客松、送客松、探海松、蒲团松、黑虎松、卧龙松、麒麟松、团结松、连理松。黄山松生长在海拔600米以上,喜光、深根,喜凉润、耐瘠薄。在中国文学和书画艺术中,黄山松以其生于石上、不畏风雪、体态优美的独特形态,而被赋予了高尚的人格品质。黄山松的生长环境极其艰苦,但是只要有一点生存可能,就要生根发芽。它们既是景观,也是黄山风格的体现,同时黄山松的姿态与成长经历也完全解释了中国人对松树非同一般的情怀。它顶风傲雪、坚韧不拔、众木成林、百折不挠、广迎四方,被赋予了自强、拼搏、团结、开放等品质与美德,激励着一代又一代的中国人。

黄山怪石

同为黄山"四绝"的黄山怪石,以奇取胜,以多著称。被命名的怪石有一百二十多处,其形态可谓千姿百态,似人似物,似鸟似兽,情态各异,形象逼真,令人叫绝。这些怪石遍及峰壑巅坡,或兀立峰顶,或戏逗坡缘,或与松结伴,构成一幅幅天然山石画卷。在不同的位置、不同的天气观看黄山怪石,其情趣迥异,姿态万千,可谓"横看成岭侧成峰,远近高低各不同"。站在半山寺前望天都峰的一块大石头,形如大公鸡展翅啼鸣,故名"金鸡叫天门",但登上龙蟠坡回首再顾,这只"一唱天下白"的雄鸡却仿佛摇身一变,变成了五位长袍飘飘、扶肩携手的老人,被改冠以"五老上天都"之名。

黄山最出名的怪石当属黄山"飞来石"。飞来石位于光明顶西北方,高 15 米,最厚处不过 2.5 米,立在海拔 1730 米的山峰上,重量约为 544 吨。巨石之下的基岩平台长 12—15 米,宽 8—10 米,十分平坦,令人惊叹不已。巨石与基台接触面积很小,使游人感到上面的巨石似从天外飞落崖上,故名"飞来石"。游人站在平台边缘凭栏揽胜,对面的双剪峰、双笋峰就像一幅神奇的泼墨山水画。明代程玉衡惊叹此石的存在,有诗云:

> 策杖游兹峰,怕上最高处。
> 知尔是飞来,恐尔复飞去。

关于飞来石的传说有很多种,而女娲补天的传说传播最广。女娲在大荒山无稽崖炼就了 36552 块彩石,补天以后,剩下两块弃置在青埂峰下。其中一块,在青埂峰下缩成晶莹美玉,被茫茫大士和渺渺真人带到了凡尘,它的经历被我国杰出的文学家曹雪芹写进了名著《红楼梦》。书中,它就是贾宝玉出生时嘴里衔的那块"通灵宝玉",另一块被女娲随手一抛,落到人间仙境,矗立于黄山上,被称作飞来石。

黄山峰海,可谓无处不石、无石不松、无松不奇,奇松怪石,往往相映成趣。古人移情于石,使冥顽不灵的石头凭空有了生命,有了灵气,有了自己的名字。在黄山有名可数的石头就达一千二百多块,如"梦笔生花""喜鹊登梅""仙人指路""老僧采药""苏武牧羊"等。

"破碎山河颠倒松"

明代徐霞客发现黄山之后,黄山逐渐有了名气,文人墨客开始陆陆续续登上黄山,他们期盼着在与黄山石、黄山水、黄山松的交流中得以慰藉,得以抒怀,得以物我两忘。

明末清初,一位曾拿起武器抗击清人入侵的战士来到黄山,摘下头盔,脱掉战甲,削发为僧,隐居于黄山,他就是著名的"清四僧"之一的渐江。"清四僧"原济、朱耷、髡残和渐江在中国美术史上有着极其重要的地位。其中,渐江的山水画以其冷峭静谧的艺术特征成为中国山水画发展史上的一朵奇葩。他的山水画在当时及后世都产生了深远的影响,并形成了以他为首的新安画派以及"新安四家"。

渐江《黄山双龙松》(局部)

黄山孤立光秃的山峰,奇异断裂的山石,扭曲顽强的松树,恰好折射出渐江国破家亡后复杂的内心世界。他用完全颠覆性的手法画黄山的奇峰异石,这就是渐江心中的一幅幅"破碎山河颠倒松"。对于渐江来说,黄山是相见恨晚的知音,他用奇纵高深的构图体现黄山的空旷深邃之美,这也正是黄山的内在品质。黄山的幽深寂静与渐江心灵深处的向往达成了最深沉的默契,所以他笔下的黄山构图明快,设境幽僻,意境深邃。通过十年如一日的黄山写生,渐江最终寻觅到了他"高流净士,胸无纤尘"的人生境界。

"搜尽奇峰打草稿"

石涛(又名原济),"清四僧"之一。他年仅 14 岁便来到黄山,在这之前之后,石涛的隐居生活几乎不为人所知,他留给历史的就是那句著名的"搜尽奇峰打草稿"。他在《苦瓜和尚话语录·山川章》中写道:"山川使予代山川而言也。山川脱胎于予也,予脱胎于山川也。搜尽奇峰打草稿也,山川与予神遇而迹化也,所以终归之于大涤也。"表达了艺术创作者在进行创作时所应持有的最起码的态度,即要深入观察生活,广泛搜集材料,才有可能创作出优秀的作品。

在石涛的众多闲章里,他最喜欢的也是这句"搜尽奇峰打草稿",其根本理想在于"奇峰搜不尽,草稿打不完"。后来他还以这句话为名创作了山水长卷《搜尽奇峰打草稿》,画中不仅描绘了大自然的奇妙美景,还抒发了自己对生活的热爱和赞美。年仅 14 岁的石涛便对艺术创作有这般高尚的觉悟,得益于他长年累月广游名山大川,特别是多次游黄山和画黄山,使他体会到"黄山是我师,我是黄山友"。他说:"足迹不经十万里,眼中难尽世间奇。笔锋到处无回头,天地为师老更痴。"

石涛对渐江有极高的评价,他说:"渐公游黄山最久,故能得黄山之真性情也。即一木一石,皆黄山本色,风骨冷然生活。"在石涛一生大量的绘画作品中,描绘黄山的画作占有相当的比例。石涛一生行踪不定,自号"四百峰中著笠翁",可对他影响最深的首推黄山三十六峰。近人有"渐江开新安,石涛开黄山"之说。

石涛以一生的时间,感悟着黄山独特的气韵,用笔墨画出了黄山山体的虚实隐显、草木枯荣、云雾聚散,画出了天地之元气、黄山之魂魄。他独树一帜、自成一家的画法,泼洒出他心中的山水,也给后人留下了绝世妙笔。

寻觅着"天人合一"意境的中国文人墨客,在黄山变化万千的云雾之气中找到了孜孜以求的心灵图景,满足了寄情山水的精神追求。他们将黄山绝佳的气韵完美地融合到中国写意山水画之中,让山水画以有限的画面表达出无限的意境,黄山成为衡量一切大山美的标准。黄山的风骨为中国画增添了无穷的韵味,中国的古典艺术使这座山脉成为文化大山,造就了黄山气象万千、风姿卓然的自然水墨画卷。

石涛的《黄山图》

奇秀桃源　庐山

相传,在东晋太元年间,有个武陵渔夫有一天顺着溪水划船,失去了方向,突然遇到一片桃花林,这里桃花烂漫,灼灼芬华,恣意盛放,地上的香草鲜艳美丽,坠落的花瓣繁多交杂。桃树夹着溪流两岸,长达几百米,渔人惊异于这种美景,直走到桃林截止、溪水源头,看见一个山洞,里面隐隐有光亮。走了几十步,突然变得开阔敞亮了,这里的土地平坦开阔,房屋整整齐齐,有肥沃的田地、美丽的池塘和桑树竹子等植物,田间小路交错相通,人们来来往往耕田劳作,男女的穿戴完全像桃花源以外的世人,老人和小孩都悠闲愉快,自得其乐。

《桃花源记》可谓家喻户晓,是中国伟大的田园诗人陶渊明隐居庐山时创作的,其描写的世外桃源的景象激起世人无限的遐想,形成了千百年都挥之不去的世外桃源情结。陶渊明笔下山明水秀、鸟语花香的美景,没有世间争斗的理想生活,让庐山名声大震,成为中国最早的"乌托邦",成为很多文人雅士逃避现实、反抗乱世、退避归隐的世外桃源。在陶渊明死后的一千八百多年里,庐山经历了中国传统文化最深刻的浸染与洗礼,成为一座闪耀着人文主义光芒与宗教信仰色彩的文化名山。

庐山诗词

817年,唐代诗人白居易言简意赅地用一句话体现了庐山的自然美——"匡庐奇秀甲天下山",把庐山放在了中国名山中的第一位。千百年来,这句名言众口皆碑,成为中国人对庐山的经典评论。古时候的文人雅士多曾隐居于此、逃避乱世,尽情徜徉在山水之间,卸除心灵的重负,以美好的风景为依托,通过诗文抒发自己的情怀,提倡生命的本真和自由的灵魂,因此,在庐山留下了不少的名篇佳作。这些名作不仅丰富了庐山自然景观的内涵,还成为庐山文化的重要组成部分。

诗句"一山飞峙大江边"点明了庐山特殊的地理位置:一侧长江如带,鄱湖如镜,另一侧五老峰山崖险峻、峰峦奇拔。五老峰地处庐山东南,因山的绝顶被垭口所断,分成并列的五个山峰,仰望俨然席地而坐的五位老翁,故称为"五老峰"。五老峰陡峭挺拔,峰接霄汉,奇峦秀色,十分壮观。其东南面绝壁千仞,陡不可攀,而西北坡地势较缓,可循小道爬坡登山。站立山顶俯视山下峰峦,有的挺立如竿,有的壁立如屏,有的蹲踞如兽,有的飞舞如鸟,山势此起彼伏,犹如大海汹涌波涛。无怪乎历代许多诗人名士来到五老峰,无不为这里的瑰丽景色所迷恋,留下了不少赞美的诗篇。唐朝诗人李白曾在这里留下一首千古绝唱:

庐山东南五老峰,青天削出金芙蓉。
九江秀色可揽结,吾将此地巢云松。

庐山地貌的显著特征是"外险内秀",其内部的锦绣谷、康王谷、东谷、西谷、莲花谷、栖贤谷等,构成了庐山幽深秀丽的美景,形成了"万顷松涛""乱云飞渡"等奇异景色。锦绣谷相传为晋代东方名僧慧远采撷花卉、草药处,因为此地四时花开,犹如锦绣,故名"锦绣谷"。锦绣谷旁沿绝壁悬崖修筑了石阶，顺阶而上，风景万千，古人有云："路盘松顶上，穿云破雾出。天风拂衣襟，缥缈一身轻。"谷中千岩竞秀，万壑回萦，断崖天成，石林挺秀，峭壁峰峦如雄狮长啸，如猛虎跃涧，似捷猿攀登，似仙翁盘坐，栩栩如生，一路景色如锦绣画卷，令人陶醉。北宋文学家王安石游览此处即兴作诗云：

> 还家一笑即芳晨，好与名山作主人。
> 邂逅五湖乘兴往，相邀锦绣谷中春。

庐山瀑布众多，气势磅礴，而三叠泉是庐山最出名的一处，有"不到三叠泉，不算庐山客"一说。三叠泉位于五老峰下部，飞瀑流经的峭壁有三级，溪水分三叠泉飞泻而下，落差155米，撼人魂魄。三叠泉每叠各具特色，上级如飘雪拖练，中级如碎玉摧冰，下级如玉龙走潭。三叠泉似抛珠溅玉，宛如白鹭千片，上下争飞；又如百幅冰绡，抖腾长空，万斛明珠，九天飞洒。如果是暮春初夏多雨季节，飞瀑如发怒的玉龙，冲破青天，凌空飞下，雷声轰鸣，令人叹为观止。李白就对庐山瀑布情有独钟，在此留下了脍炙人口的《望庐山瀑布》：

> 日照香炉生紫烟，遥看瀑布挂前川。
> 飞流直下三千尺，疑是银河落九天。

宋代大文豪苏轼也对庐山的美惊叹不已。"不识庐山真面目，只缘身在此山中"，这句盛赞，千年来已成为中国人的共识。庐山美妙难识的境界也随着这句话，使人们更加神往。

牯岭

庐山不仅是中国古人的世外桃源，还成为近代史上外国人趋之若鹜的避暑胜地。19世纪末,英国一位叫李德立的传教士来到庐山,目的是想为在中国工作和生活的外国人寻找一处消夏避暑的清凉之地。来到庐山牯牛岭地区的李德立,见这里地势平坦、植被茂密、气候凉爽,正是修建别墅区的上选之地。于是,在与清政府和当地民众数次周旋之后,终于如愿以偿租到了这片地,在这里兴建住宅别墅,逐步开发。按其气候清凉的特点,据英文Cooling的音译,把"牯牛岭"简称为"牯岭"。

李德立在牯岭的开发中获得了巨大的利益,然而更让人钦佩的是,他还是一名有品位的商人。在售地的协议中他规定:每块地上建筑的房屋面积不得超过土地面积的15%,建筑风格必须体现本国的建筑艺术特色,最重要的一点,是强调以尊重自然为最高法则,建筑要和周围的自然环境协调,如果与环境有抵触,那就要修改或者牺牲设计,保护自然环境。今天,牯岭里的别墅有六百多幢,而当年鼎盛时期竟有上千幢,它们体现了欧美18个国家的不同风格,其中既有英国券廊式建筑符号、巴洛克式建筑模拟之作,又有折中主义建筑产物、哥特式建筑的遗风,还能辨识出中国园林建筑艺术的美学情趣,犹如一座精深博大的万国建筑艺术博物馆。

在同一时期由西方人开发的中国几大避暑胜地中,以江西牯岭的规模最大,其次是河北北戴河、浙江莫干山和河南鸡公山,规模较小的还有福建鼓岭等。而江西牯岭有二十多个国家的传教士、商人以及中国各界人士,竞相到此建避暑别墅。到1928年别墅总数达712栋,其中属于外国人的有518栋,属于中国人的有194栋。每年夏天,从长江流域各省来山上避暑的外国人超过两千人,其中仅英美两国传教士就有一千多人,常住人口也有千人。正是这些大量的外国传教士的流入、驻扎,使这座美丽繁荣的奇特"云中山城"开始了世界罕见的外国宗教与中国传统儒道佛文化的融合。

赛珍珠及其作品《大地》封面

牯岭里最早的基督教堂始建于1910年,传教士赛兆祥是这个教堂最早的主人,陪伴他常驻这里的是他的女儿珀尔,中文名叫赛珍珠。赛珍珠在中国生活了近40年,她把中文称为"第一语言",把儿时的居住地镇江称为"中国故乡"。作为以中文为"母语"的美国女作家,她曾在这里写下了描写中国农民生活的长篇小说《大地》(*The Good Earth*),为中国读者所熟知。1932年,她凭借此小说获得普利策小说奖,并在1938年以此成为美国历史上第二个诺贝尔文学奖获得者。赛珍珠是唯一一个同时获得普利策奖和诺贝尔奖的女作家,也是目前作品流传语种最多的美国作家。

庐山宗教

位于庐山北麓的东林寺规模浩大,气势恢宏,堪称江西佛教丛林之冠,被誉为"道德居所""净土之源"。建寺者名僧慧远是庐山东林寺史上最著名的住持,他在来到庐山后,三十余年里影不出山、迹不入俗,孜孜弘法,潜心研究佛教典籍,将佛教中的佛法熔儒、道于一炉,主张内外之道可合而明,为佛学传播发展作出了重大贡献。慧远在佛学上的成就表现在他凭借自身极高的悟性,将儒释道三方哲学糅合世俗与空门,协调佛教与儒家的关系,将儒家的一些礼仪作为广大僧尼的行为准则,开创了净土宗。在三十余年的漫长岁月中,慧远讲学不辍,一直到晚年仍执经登座,僧徒无不肃然起敬。庐山锦绣谷、石门涧等处都留有他的讲经台。

而东林寺也因慧远的关系,声名远播,人们纷纷前来参拜。鼎盛时期,佛山有寺庙361座,可谓是"无限青山行不尽,白云深处老僧多"。

"咫尺愁风雨,匡庐不可登。只疑云雾窟,犹有六朝僧。"这是唐代诗人钱珝的诗句,可以看得出追慕慧远的风迹是历代名人登庐的一个重要原因。据传,慧远和尚来东林寺后,连送客也未曾过虎溪桥,若是过了桥,山上的神虎就要吼叫。一天,慧远送陶渊明与陆修静,三人携手边走边谈,越谈越开心,不觉过了石桥。谁知没走几步,山上的神虎便吼叫不止,他们这才恍然大悟,相视仰天大笑,惜别分手,这就是广为流传的文苑佳话"虎溪三笑"。清人潘耒说过:"域中之山,自五岳外,匡庐最著名。……东林寺于山最古,远公于僧最高。东晋以前无言庐山者,白莲社盛开,高贤胜流,时时萃止。庐山之胜,始闻天下,而山亦遂为释子所有,迄于今梵宫禅宇,弥满山谷,望东林皆鼻祖也。"由此看来,庐山得以闻名天下,是与慧远和东林寺密不可分的。

同时,庐山还是著名的道教圣地。位于锦绣谷西侧的仙人洞为一天然砂岩石洞,高7米,宽10米,深14米,古称"佛手岩",明桑乔《庐山记事》载:洞内"岩石参差如人手,故名佛手"。洞内深处从洞顶有水下滴,终年不竭,名为"一滴泉",又称"叮咚泉"。相传唐代名道吕洞宾曾在洞中修炼直至得道成仙,后人为奉祀吕洞宾,于是将此处命名为"仙人洞"。洞旁的山崖下,建有一处斗拱彩绘、飞檐凌空的殿阁,名为"老君殿",内供有太上老君李耽雕像,这里香烟渺渺,是庐山道教的洞天福地。

由于牯岭的建造,西方文明随之传入,基督教、天主教、东正教、伊斯兰教先后进入庐山。于是,每日里晨钟暮鼓伴随着教堂里唱诗班的歌声,在庐山中回荡,一山兼具六教,成为了庐山的一道独特的人文景观。

白鹿洞书院

位于庐山五老峰南麓的白鹿洞书院列中国四大书院之首,具有千年的文化历史。南唐升元四年(940)白鹿洞建起庐山国学,为五代时期著名学府之一。北宋初年改称"白鹿洞书院",南宋淳熙年间,白鹿洞书院被誉为"海内书院第一"。而在白鹿洞书院的形成过程中,宋代理学大师朱熹起到了重要的作用。

1179年,朱熹出任南康(今江西省星子县)知军,他欲筹集善款,重建白鹿洞书院,受到重重阻碍,但朱熹力排众议,一再上本朝廷,坚持重建白鹿洞书院。在呈报朝廷的《白鹿洞牒》中,他恳切地说:"至于儒生旧馆,只此一处,既是前朝名贤古迹,又蒙皇帝给赐经书,所以教养一方之士,德意甚美,而一废累年,不复振起,吾道之衰既可悼悼惧,而太宗皇帝敦化育才之意,亦著于此帮,以传于世。"在朱熹的一再恳求下,宋孝宗终于批准重建白鹿洞书院。书院落成之日,朱熹高兴得饮酒赋诗:

> 重营旧馆喜初成,要共前贤听鹿鸣。
> 三爵何妨奠萍藻,一编讵敢议明诚。
> 深源定自闲中得,妙用无从乐处生。
> 莫问无穷庵外事,此心聊以此山盟。

兴复白鹿洞书院后,朱熹马上重建院宇、筹措院田、聚书、立师、聚徒、订学规、设立课程,并亲任洞主登堂讲学,他自拟的《白鹿洞书院揭示》成为中国古代教育的准则。白鹿洞书院讲会制的倡导和推行,开创了后续中国封建社会七百年书院办学的模式。1181年,朱熹请陆九渊登白鹿洞讲坛讲学,开办了一次盛况空前的学术交流会,并将其讲稿定为书院之讲义。"白鹿洞之会"成为推进南宋学术达到繁荣的一个重要标志,白鹿洞书院的发展也达到鼎盛时期,成为宋代四大名书院中最有影响的一所书院。

白鹿洞书院朱熹像

《白鹿洞书院揭示》,又称作《白鹿洞书院学规》《朱子教条》《朱子白鹿洞书院教条》。朱熹在白鹿洞书院重建之日,率僚属及院中师生行开学礼之时,升堂讲说《中庸》首章,取圣贤教人为学大端,揭示于门楣之间,作为院中诸君共同遵守的学规。这也成为书院的标准学规,是书院制度化的主要标志。全文如下:

父子有亲,君臣有义,夫妇有别,长幼有序,朋友有信。

　　右五教之目。尧舜使契为司徒敬敷五教,即此是也。

　　学者学此而已。而其所以学之之序,亦有五焉。其别入左。

　　博学之,审问之,慎思之,明辨之,笃行之。

　　右为学之序,学、问、思、辨四者。所以穷理也。

　　若夫笃行之事。则自修身以至于处事接物,亦各有其要,其别入左。

　　言忠信。行笃敬。惩忿窒欲。迁善改过。右修身之要。

　　正其义不谋其利,明其道不计其功。右处事之要。

　　己所不欲,勿施于人。行有不得,反求诸己。右接物之要。

《揭示》中所说的都是儒家道德修养的原则和方法,体现了我国儒家教育的理念,成为以后书院历代教育的规范。其中,言行一致、改过迁善、不谋私利、不计近功、宽以责人、严以律己等都是现代人道德品质修养所应当提倡的。这套白鹿洞书院的教育理念,由于得到朱熹的推广而被各地书院纷纷仿效。对此,明代顾宪成在他的《东林会约》中写道:"朱子白鹿洞书院的教条,实在是至善、至美了。读书人要为善为贤,岂能越得出这个范围,我们在东林书院所学的,也只是讲明了它的道理而加以实行罢了。"

从中国古代文人墨客的世外桃源,到近代外国人倾心打造的避暑胜地,从"匡庐奇秀甲天下山"的美景,到"一山兼具六教"的奇特文化现象,从陶渊明到赛珍珠,从牯岭别墅到白鹿洞书院……庐山上的故事与传说数不胜数,被传诵了千年。庐山上的自然景物被着上了人文色彩,相映成趣,古今中外的学术、信仰汇聚于此,本土文化与外来文化和谐相长,来到这片"奇秀桃园",就好像来到一个丰富多彩的世界人文博物馆,恰如经历一场现代版的武陵渔夫奇幻漂流……

静灵优雅 苏州园林

1980年,美国总统尼克松、国务卿基辛格来到纽约大都会艺术博物馆,参观了一处名为"明轩"的明式庭院。这处庭院布局紧凑、疏朗相宜、淡雅明快,尼克松对此极为赞赏,并会见了来自中国的园林工程专家。"明轩"为西方世界送去了富有魅力的中国园林艺术和精湛的造园工艺,在美国引起了轰动。新闻界纷纷报道这一东方艺术精华,博物馆方对工程给予了"工艺质量达到了值得博物馆和您的政府自豪的标准"的高度评价,被赞誉为中美文化交流史上的一件永恒展品,载入现代造园史册。

"明轩"庭院

这座"明轩"是中国苏州园林的局部复制庭院。苏州园林是中国江苏省苏州市区内古典园林的通称,包括私家宅园、庭院和寺庙园林三种,以私家园林为主。苏州地区山明水秀,气候湿润,经济富庶,文化发达,营造园林的自然和人文条件适宜。早在春秋时期,吴王阖闾、夫差就曾建长乐宫、姑苏台、海灵馆、馆娃阁等,都是富丽的宫苑。其后,西晋的顾辟疆园,东晋的虎丘别业,五代吴越国的广陵王金谷园,北宋的五亩园、沧浪亭、乐圃、绿水园,南宋的万卷堂,元代的狮子林等,均很有名气。园林修建至明清时期达到鼎盛,苏州官吏富商乃至一般士民,几乎无不造园。在这两千多年的时间里,苏州造园家们运用别具匠心的造园手法,在城市住宅旁有限空间里,叠山理水,栽植花木,配置园林建筑,装饰以匾额、楹联、书画、雕刻、碑石、家具陈设和各式摆件等,反映了古典哲理观念、文化意识和审美情趣,从而形成了充满自然美、人文美、建筑美的写意山水园林,具有很高的学术价值、艺术价值和文物价值。

园林的眼睛——漏窗

苏州园林讲究精致小巧,在空间上追求"隔则深、畅则浅"的效果,在表现形式上多倾向于"区含蓄,隐而不发,显而不露"。对深邃意境的追求也是造园的艺术特征之一,而漏窗在苏州园林中的作用就体现在这里,欲扬先抑、欲露则藏。漏窗本身有景,窗内窗外之景又互为借用,隔墙的山水亭台、花草树木,透过漏窗,或隐约可见,或明朗入目,倘移步看景,则画面更是变化多端,目不暇接。造园者常通过这种手法使园林景致错落有致、层次分明,以达到若隐若现、似有还无、引人入胜的效果。

苏州园林的漏窗以其悠久的历史、丰富的内涵、优美的造型、丰富的形制成为中国园林艺术设计的点睛文作。早在汉代的陶屋冥器上,已经有在围墙上端开狭高小窗的例子。金、元砖搭有扇形窗,窗孔内砖刻几何纹纹格的实例,这是目前所知最早期的漏窗。漏窗的形式是在不断发展的,明代计成的《园冶》一书中,收录了十六种漏明窗的式样,并记载:"门窗磨空,制式时裁,不惟屋宇翻新,所谓林园遵雅。"日本造园研究家横山正也曾这样称赞过苏州园林的漏窗:"看了这种永无止境地追求美的中国花格子的创造,不得不感到日本的造型艺术相形见绌了。"

苏州园林漏窗取材广泛,就窗芯而言,大致可分为:自然符号漏窗,如拟日纹、万字纹、冰纹等;动物符号漏窗,如蝴蝶纹、云龙纹、蝙蝠纹、凤凰纹和鱼纹、龟背纹等;植物符号漏窗,如牡丹纹、荷花纹、贝叶纹、葵花纹、向日葵纹、海棠纹、灵芝花纹、梅花纹等;器物符号漏窗,题材有如意、银锭、挂钟、灯笼、花瓶、书条、"四艺"、折扇等;文字符号漏窗,题材有福字、寿字、喜字等;组合符号漏窗,题材有"凤戏牡丹""吉祥如意""六合同春""松鹤延年""鱼戏莲叶""鸳鸯戏荷""喜上眉梢"等。

"宛自天开,道法自然"是园林品性,"立意山水,空灵幽雅"是园林气质,而集园林品性与气质为一体的漏窗便是点睛之笔。园林有了它便气脉相通、透漏空灵。苏州园林的建造多以画境为前提,加上书法的用笔意味,将窗的形式与美感二者结合,创造出虚实相间、气韵生动的意境空间。

园林的韵律——昆曲

牡丹亭

相传,南安太守杜宝只生一女,取名丽娘,丽娘年纪渐大,尚未许配。一日读了《诗经·关雎》,惹动情思,在花园中睡着,与一名年轻书生在梦中相爱,醒后终日寻梦不得,抑郁而终。她在弥留之际自画春容,嘱咐丫环春香将其藏在太湖石底。穷困书生柳梦梅原名柳春卿,因梦一女子立于梅树之下,与他倾诉姻缘,改名为柳梦梅。柳梦梅进京赴考借宿梅花庵,在太湖石下拾得杜丽娘画像,发现杜丽娘就是他梦中见到的佳人,便更加思念。杜丽娘魂游后园,与柳梦梅再度幽会,二人情到深处,感动天地,柳梦梅掘墓开棺,杜丽娘起死回生,两人结为夫妻。

这个凄美的故事出自于著名的昆曲桥段——《牡丹亭》。昆曲发源于14世纪苏州昆山的曲唱艺术体系,2001年被联合国教科文组织列为"人类口述和非物质遗产",其代

《牡丹亭》剧照

表作就是脍炙人口的《牡丹亭》。该曲作者汤显祖出身书香门第,一生不肯依附权贵,晚年辞官。就是这位仕途不顺的文学家,创作了"玉茗堂四梦"等伟大的戏剧作品。《牡丹亭》便是"玉茗堂四梦"之一,主人公杜丽娘是汤显祖塑造得极其成功的艺术形象,她因梦生情,因情而死,后又因情而复生,爱得炽烈奔放,无所畏惧。1616年,汤显祖与莎士比亚同年而逝,因才情与文学成就相当,他们被后世尊称为世界戏剧文坛的"双子星座"。

"百戏之祖归昆曲,天下昆曲出苏州",这是昆曲爱好者的基本常识。昆曲与园林分别代表着苏州精神文化与物质文化,二者有着千丝万缕的联系,昆曲的许多剧目和内容都发生于苏州园林,取材于园林,也曾吟唱于园林,与园林有一种天然的契合。如若在苏州的园林听一曲曲调悠扬婉转、唱词唯美优雅的昆曲《牡丹亭》,便仿佛穿越到戏中,置身于虚掩园门的杜家花园,看到牡丹亭中端坐忧怨的杜丽娘,听得她一句叹息"不到园林,怎知春色如许",这苏州园林突然便有了灵气,仿佛意境幽远、声色旖旎起来。在现实生活中被

封建制度束缚的丽娘,在戏中获得自由自在的灵魂,无拘无束。正是有了园林的环境烘托,才使得《牡丹亭》这出戏灵动飘逸,情思涌动。杜丽娘在花园中将自己孤影自怜、伤春落寞的哀愁与充满生机、意趣盎然的春景交织起来,缠绵哀婉,惆怅满怀,园林与昆曲就在这个情缘注定的梦中相得益彰。可见,昆曲融情于景,园林以景写情,感人至深。

苏州名士和贵族文人追求物质与精神享受,倾向于构筑私家园林和蓄养昆曲家班,他们通过园林营造出一种乐观的生活方式,而内心的消耗又通过昆曲的艺术情愫得以补偿与丰满。苏州园林在琳琅满目的山水花木、亭台斋馆之间,总少不了布设琴室歌榭。于是,昆曲影响了苏州园林的造园技术,而苏州园林也促进了昆曲的长足发展,它们是苏州这片土壤留下的最宝贵的文化财富。

园林的故事——拙政园与狮子林

拙政园是江南私家花园典范,亦是中国园林的杰出代表,以其悠久的人文历史、丰富的文化内涵、高度的造园艺术、疏朗自然的风格、典雅秀丽的景色成中国四大名园——拙政园、留园、颐和园、承德避暑山庄之一,并且历史最为悠久。拙政园始建于明正德四年(1509),为明代弘治进士、御史王献臣弃官回乡后,邀请吴门画派的代表人物文征明为其设计蓝本,在唐代陆龟蒙宅地和元代大弘寺旧址处拓建而成。

文征明(1470—1559),

文征明《文待诏拙政园图》

长洲(今苏州)人,祖籍衡山,故号衡山居士。其出身书香门第,大器晚成,诗、书、画三绝,为明代画坛四大家之一,与唐寅、祝枝山、徐祯卿并誉为"吴门四才子"。文征明酷爱名山大川和风景名胜,苏州秀丽的湖光山色更叫他流连忘返,也成为他取之不尽用之不竭的创作源泉。文征明以一个画家的审美情趣,用传统的笔墨勾勒出整个园林的轮廓布局,不仅为拙政园设计了整体蓝本,还为拙政园主持建造工作,历时十年终于完成。

文征明为拙政园的建设倾注了大量心血,与园主王献臣过从甚密。王献臣常邀文宴饮、赏游,文往往乐而忘返。应园主王献臣之请,作《拙政园记》,画《拙政园图》三十一景,并各赋其诗,还亲自栽下紫藤一株,成为苏州一绝,距今已有四百多年历史。文征明数次为拙政园作画,其中比较有影响,流传至今的《文待诏拙政园图》集诗、书、画于一体,各全其美,相得益彰,堪称鸿篇巨构。文征明所作的《王氏拙政园记》石刻位于倒影楼下拜文揖沈之斋,他的字风骨自在,疏朗清秀;《千字文》置西部水廊内,系文八十所写蝇头小楷,笔墨空灵飞动,书艺超群,艺术风格与拙政园的典雅清淡交相辉映,名人名园,名不虚传。

同为苏州园林,狮子林相比拙政园,其假山群深含禅意,别有一番风味,体现了狮子林创始人的宗教思想。元代著名画家朱德润的《师子林图序》记载了朱德润与狮子林园主维则的一段对话,表现了维则建园的思想:

> 因观其林木蔽翳,苍石巉立,所谓师子峰者,突然乎其中,乃谂诸师曰:"昔达摩传言,'法中龙象'《智度论》解曰,水中龙力大,陆行象力大。兹林曰师子,岂非以其威猛,可以摄伏群邪者乎?"师曰:"非也。石形偶似,非

假摄伏而为。若以威相,则文殊固有精进勇猛之喻矣。"仆又曰:"昔人言作师子吼,得非以其声容可以破诸障乎?"师曰:"非也。以声容则无此声容也。其有不言而喻者乎?"仆曰:"不言而喻,余知之矣。不言而喻,其惟师乎?噫,世道纷嚣,不以形色,则不能摄诸敬信,而吾师以师子名其林者,姑以遇世纷而自得于不言者乎?刻师之真实,可以破诸妄,平淡可以消诸欲。若以静默不二,则虽有形有声,犹不能悸,况乎无声无形,而托诸狻猊,以警群动者乎?虽然,观于林者,虽师石异质,一念在师,石皆师也;一念在石,师亦石也。然不若师者师石两忘者乎?"师曰唯唯。

维则借形似狮子的假山石峰,表达了面对"世道纷嚣"其禅意可以"破诸妄,平淡可以消诸欲"的观点;以"无声无形"托诸"狻猊"以警世人。这就是维则建狮子林的真实意图。

在狮子林的沧桑变迁中,有一位皇帝对狮子林倍加赞赏,曾五次游览狮子林,并留下大量题字和"御制诗",他就是清高宗弘历,即乾隆皇帝。乾隆二十二年(1757)春,弘历二巡江南到苏州,他取来倪云林的狮子林图展卷对照着观赏狮子林,赐匾"镜智圆照"于狮林寺,双题五言诗《游狮子林》,此诗后被刻成御诗碑,并新添一景名为"御碑亭"。1762年,乾隆二游狮子林,因爱其景,为狮林寺题额"画禅寺",在他临摹的倪云林《狮子林全景图》和倪氏原作上分别题字,命将临摹之作"永藏吴中"。1765年,乾隆游狮子林后,题下"真趣"匾额,又作"游狮子林即景杂咏"七绝三首、七律一首,回京后在颐和园和承德避暑山庄各仿建一座狮子林。1780年,游狮子林后作《狮子林再叠旧作韵》。1784年,乾隆再次南巡,见到了徐贲画的《狮子林十二景点图》,十分感慨。游狮子林后,他在《游狮子林三叠旧作韵》中写道:"真山古树有如此,胜曰芳春可弗寻。"这位 75 岁的老人自觉年事已高,只能"他日梦寐游"了。乾隆五次游览狮子林共题写三块匾额,留诗十首,临摹倪云林《狮子林全景图》三幅,在皇家园林掀起了摹拟江南山水,效仿江南园林的高潮。1771 年,乾隆在颐和园长春园东北角仿建狮子林,由苏州织造署将狮子林实景按"五分一尺"烫样制图送京御览,建成后名景点匾额均由苏州织造制作,送京悬挂。1774 年,承德避暑山庄建成,东部便是以假山为主的狮子林,西部是以水池为主的文园,合称"文园狮子林",乾隆对此园非常喜欢,称之"欲傲金阊未有此"。由此,江南园林中廊、桥、漏窗与苏式彩画,堆叠假山的各种流派风格被广泛采用在了皇家园林的建设设计中,使得北方园林的内容大大丰富,是我国园林艺术史上的重要一章。

  拙政园里的文人雅士也好,狮子林里的皇家贵族也罢,都与苏州园林有着道不尽的牵绊和故事。在这静灵优雅的园林里漫步,清雨不期而至,通过漏窗,不仅可以欣赏园林景致,还可以窥见前人的审美情趣,园林在吟唱"牡丹亭"的旋律,《拙政园图》着墨古人的梦想……难怪乾隆皇帝说园林是"真趣"呢。从这里,纯粹的中国古代建筑与纯粹的古典艺术走向了世界,给全世界的人们带去一首独具特色的中华建筑史诗。

侨乡侨艺　开平碉楼

汉代许慎所著的《说文解字》中,对"楼"的定义为"重屋也";而汉代《尔雅》有云,"陕(狭)而修曲曰楼",由此可见我国在汉代时期对楼的建筑体型特征就有了明确的描述,即一种体量高而瘦的多层建筑。而"碉"字最早出现在南朝宋范晔撰、唐朝李贤注的《后汉书》中,当时唐朝人所说的"碉"指的是一种多层石结构的少数民族建筑。后来随着时间的推移,慢慢具备了"碉堡"的含义。根据这样的字义考察,我们可以看出"碉楼"一词很形象地将"楼"的建筑体型特征与"碉"的防御功能相结合,形成了一种新的建筑形式。

清末民初,广东开平地区匪患猖獗,他们四处劫掠,很多侨民辛苦打拼的财产被掠走,损失严重,苦不堪言。而在1922年,一众匪徒在抢劫赤坎地区开平中学时,被鹰村碉楼探照灯照射到,四处乡团及时截击,救回校长及学生17人,这让海外华侨们十分惊喜,认为碉楼在防范匪患中起了作用,因此一些华侨为了家眷安全、财产不受损失,纷纷回乡建造各式各样的碉楼。

开平素有"中国碉楼之乡"之称,开平碉楼民居建筑是以开平地区为代表的、广泛分布在广东五邑侨乡地区的一种由当地人民建造的集居住与防御功能于一体的多层塔式防御性传统民居建筑。其数量众多,建筑精美,风格多样,保存完整,在国内外实属罕见。它是中国传统民居中年轻而独特的一员,是近代中西方文化通过民间渠道相互融合的产物,不仅具有独特的风格,还兼具较高的文化艺术价值,而且是中国近代社会历史发展的见证。

从御敌避水到奢华美观

　　碉楼最初是以防御为首要目的而建造的,因此碉楼上随处都体现出防御的特征。大门通常做成凹门洞的形式,而在门洞或进门入口正上方会设有射击孔。有些碉楼则索性在门口正中悬挑出角楼,以加强入口的防御。顶层平面则主要通过悬挑的挑台或角楼以及上人屋顶平台的形式,在扩大防御范围同时,有效地打击楼外敌匪。20世纪前30年,大量侨民返乡兴建碉楼,他们在带来大量侨汇的同时,还积极传播西方文化,为侨乡开平注入了开风气之先的文化气息。这种气息不仅体现在建筑装饰、生活设施、建筑技术等方面,还体现在人们审美观的转变上。对西方审美观的认可使得西方建筑装饰元素成为碉楼装饰的重要标志,这些因素使得碉楼进入了一个全新的发展阶段,对华丽建筑形式美的追求渐渐地超过了对防御的功能要求,使得碉楼在保持有防御功能的基础上,也成为楼主拥有财富的象征。

　　兴建于明朝嘉靖年间(1522—1566)的迎龙楼属于早期建造的碉楼,与后期建设的开平碉楼相比,其主要强调了体现防御性要求的设计,外观拙壮朴实,没有任何额外的装饰。迎龙楼四角所设的落地式塔楼完全是从防御功能出发,使射孔覆盖其周边更大的范围。迎龙楼使用坚固的墙体作为防御的对策,对门窗等非实体墙部分也进行防卫性的装饰。大门是面积最大的开口部分,门扇背后是若干把铁制的门锁,横竖交错在铁门背部。为了增强大门的防护作用,在主要大门外增设铁制的"趟拢门",兼具通风纳凉和防盗的功能。迎龙楼的窗户洞口较小,与高大的外墙形体形成鲜明的对比。窗洞宽度一般在50厘米左右,高度不超过90厘米,窗扇铁制外开，背后设锁，窗洞口安装铁栅栏。碉楼墙上开有"⊥""丨""T"形、圆孔状的射击孔，射击孔的断面尺寸是外小里大的倒梯形，方便楼内的人瞭望和射击，在楼外的人却不能窥探到室内的动静。这些射击孔洞不经意地点缀碉楼外墙的立面，成为碉楼极具特色的装饰。

而号称"开平第一楼"的瑞石楼，不仅是在高度上位列第一，外观上也是其他碉楼难以相比的。瑞石楼的顶部有三层亭阁，凸现西方建筑独特风格，其中以四周用承重墙接托的罗马穹顶和以支柱支撑的拜占庭穹顶造型最为显著，给人以异于常态的美感。该楼首层至第五层楼体分别有不同的线脚和柱饰，增加了建筑立面的效果。各层的窗裙、窗楣和窗花的造型和构图也各有不同，显得灵活多变。第五层顶部的仿罗马拱券和四角别致的托柱有别于其他碉楼中常见的卷草托脚，而是循序渐进，向上部自然过渡，很有美学上的视觉效果。第六层有爱奥尼克风格的列柱与拱券组成的柱廊。第七层是平台，四角建有穹顶的角亭，南北两面可见到巴洛克风格的山花图案。第八层平台中，有一座西式的塔亭。第九层小凉亭的穹顶，罗马风格浓重。楼名匾额放在第七层上部正中的位置，上写"瑞石楼"三个刚劲隽秀的大字。从外观上的整体结构看，瑞石楼比例匀称，宏伟端庄，墙体的法国蓝涂色给它平添了几分浪漫的气息。

从现存始建时间最早的迎龙楼，到建筑美学特征最为突出的瑞石楼，可以看出开平碉楼的历史发展：民居传统在延续，功能上已从御敌避水的功能型发展到彰显楼主审美的美观型，样式上映射出从俭朴到攀比奢华的社会风尚之变化。

东方民间文化与西方建筑美学

在百合镇石门村的一幢古楼上，悬挂着这样一副对联：

"英雄盖世拿破仑,事业惊人华盛顿。"晚清时期,中国社会上层和部分知识精英相当封闭、保守,但是敢于开拓的开平人对西方的了解和包容却远远超出了人们的想象。开平是著名的华侨村,以华侨为知识文化媒介的西方文化渗入了开平寻常人的生活,侨乡的生活模式、社会结构发展程度都超过了当时中国的其他地区。侨民们爱国爱乡又具远见卓识的情感与抱负,开放的价值观以及对世界发展的认识,从开平碉楼的建筑风格上就可见一斑。开平碉楼与村落体现了中外文化交流的一种特殊方式,这种以农民为主力军去开展的文化交流,在世界的近代文化交流史上非常独特。

开平碉楼大量采用古罗马的柱式、拱卷、穹隆顶、伊斯兰的拱卷,还将洛可可风格和巴洛克风格的装饰艺术融合在一起,这些在其他的华侨建筑中是很少见的。虽然外表西式,但只要进入碉楼,就会发现其无论是生活用具,还是壁画内容,都是很传统的中国风格。碉楼室内装饰主要用于天花、地面、门头,以及用于强调空间中心的部位和划分室内空间的隔断,例如中式木家具、屏风隔断、供奉祖宗和神主的神龛等等,都反映了传统装饰与传统习俗上的中国风格。但是,室内装饰在去除传统繁复的风格,总体趋向简洁的同时,天花、柱廊式或中式坡屋顶楼梯和地面的装饰则出现了西式线条、线脚和构图,例如洋立楼室内的线脚天花既保留了建筑原有的井子梁结构,又在室内楼梯和地面上巧妙地利用了意大利彩色水磨石和面砖。

另外,值得一提的是开平碉楼最具特色的、最具识别性的装饰部位——挑台和屋顶。挑台或与楼身平齐,或悬挑出楼身,有单边式、双边式、三边式和周边式挑台。挑台产生的平台供纳凉、守望、活动之用,挑台立面封以0.9—1.2米的栏板形成栏板式,或是高大的实墙形成实墙式,或在栏板上立券柱廊或梁柱廊形成柱廊式。中坚楼的四角是封闭的圆柱形,俗称"燕子窝"的悬挑类似西方城堡的造型。屋顶的造型又分为中式坡屋顶、穹窿顶、平屋顶三种形式。这些挑台和屋顶反映了文化交替时代居住者生活方式的多元化,和侨民对中西融合的建筑文化的认可与追从。

西方的建筑艺术进入东方的稻作文明区大量生存,跟当地的自然要素与传统民居和谐地融为一体,使得开平碉楼与村落表现了中国乡村本土文化与外来文化在建筑、规划、土地利用和景观设计等方面的完美结合。东西方建筑艺术在这一乡土建筑群落中巧妙地融汇,与优美的自然环境、传统的稻作文化社区、习俗和田园一起,构成了一道全世界独一无二的文化景观。

碉楼见证华侨情

由于气候和地势环境情况特殊,开平地区经常受到山洪自然灾害的影响。1964年的一天,开平沙冈东溪村连续下了七八天的大雨,潭江涨满,漫过江岸。辉萼楼的守业者、旅美归侨张质生很早就把楼门打开,让全体村民进楼避洪,邻村的一些乡民,也赶到辉萼楼躲避。张质生登上楼顶,对周围洪灾情况进行察看,发现和东溪村只一巷之隔的成安村,五六间屋顶上蜷缩着几个人,任风雨泼打,情况甚危!可为什么成安村的村民不肯前来避难呢?

张质生突然回忆起他的父亲张胜隆当年在美国做生意,发了财,决定回家乡东溪村建一座牢固的碉楼——辉萼楼。他委托张雄负责辉萼楼的施建,就赶着回美国去了。张雄脾气暴躁,当时有一个叫张军的小伙子在辉萼楼做杂工,有一次他站在棚架上向西凝望,入神良久,忘了做工。张雄见了,对张军大喝:"你干什么,你在这里做少爷吗?"张军被喝,但似乎还未从思绪中醒过来,他自言自语地说:"我要在西边这地方立一条新村。"张雄听了,冷笑着说:"发梦了,你!臭小子也不照照自己的猫样,你只是一个小小的杂工,你会发达?你会立新村?"这次,张军被彻底骂醒了,他狠狠地瞪了张雄一眼,头也不回地走了。张军这一走,就去了印尼,在那里经过艰苦的拼搏,开垦了一个橡胶园,也发了大财。20年后,果然在辉萼楼的西边建了新村,还建了一间别墅式的张军书馆,供自己居住。落成时,张军叫人画了一幅名"狗眼看人低"的画,挂在别墅的厅堂,以泄自己少年受辱之愤,还告诉五个儿子:"誓不与辉萼楼家的人为友。"现在,成安村五六个在屋顶上被洪水所困的人,就是张军的后人。

张质生想,自己的父亲和张雄都已去世了,即使有什么口角之怨,也应是上一代的事了,如若见死不救,就违背了父亲建辉萼楼帮助村民躲避洪水的意愿!想到这里,质生亲自带了几个人,划几条小船,到成安村去救人。

船到成安村被洪水围困的屋顶前,张质生叫道:"春唐老弟,下来吧,到辉萼楼去避避吧。"但只听春唐答:"质生兄,谢过了,请回吧。"见此,质生对春唐叹了一口气说:"春唐老弟,常言道'创业难,守业更难',看来你老弟是知难而退,准备不守祖业了?"春唐闻言说:"质生兄,此言怎讲?"质生说:"不是吗?洪水很快就要漫过屋顶,风大雨大,洪流滚滚,生死只在一线之间。你现在大概是想带领你的兄弟们一死了之,不想守父业了。这难道不是因为守业太难吗?"春唐被质生的话击中要害,踌躇起来。

质生接着说:"上代人的口角之怨,都已过去了,况且都是小事。守业难,我们都要知难而进,守好父业,才不愧对艰难创业的父辈,这才是大事!快上船来吧。"春唐很受感动,又谢过张质生,率族人上了船,从此两村人和睦如初。在开平,这样的华侨相互协作的例子还有很多,碉楼成为这些深厚友谊的见证。

敦睦楼（左）、辉荜楼（右）并称姐妹楼，顶层为拜占庭式穹隆顶

开平碉楼是中国近代史上独特的建筑景观和历史文化遗产。相对于作为"文化移植"的中国近代建筑历史中的"洋建筑"而言，开平碉楼延续了中国传统建筑的风格和功能，并主动采纳了国外建筑文化以及近代建造形式和技术，属于"文化承续"。开平碉楼作为一种在广东侨乡开平出现的非常独特的建筑现象，在中国近代建筑史上具有代表性的特点，从体现中西文化交流的角度来看，又是十分典型的。开平碉楼对于弘扬侨乡文化、继承优秀传统、探寻中国现代建筑发展道路具有重要的意义。

荆州

《尚书·禹贡》:"荆及衡阳惟荆州。"荆州为古九州之一,以原境内蜿蜒高耸的荆山而得名。荆是古代楚国的别称,因楚曾建国于荆山,故古时荆、楚通用。位于荆州北部的地区处江汉流域,气候温和、物产丰富、山林高深、云烟多变,优越的自然环境造就了楚人奔放的性格,滋润了楚人浪漫的情怀,为奇伟瑰丽的楚文化养成和发展提供了得天独厚的条件。清人洪亮吉《春秋十论》云:"盖天地之气盛于东南,而楚山川又奇杰伟丽,足以发抒人之性情,故异材辈出……"这是对豪放浪漫、奇伟瑰丽的楚地风采的很好概括。

位于荆州南部的湘西地区处云贵高原的余脉武陵山区,自然景观神奇、娇娆,这里是云、贵、川、鄂的临界点,处于一个文化交流与融合的碰撞地带,因此承担了融合民族文化的历史责任,千百年来,养育着苗族、土家族、瑶族、侗族等古老民族。

因此,本章选取著名的荆州古城作为首篇,其楚文化、三国文化厚重,在中国史上的地位举足轻重,可展示楚地风采;钟祥是我国著名的帝王之乡、文化名城,美男子宋玉、美女莫愁的故乡,是人杰地灵的荆州地区的典型代表;位于岳阳的岳阳楼、洞庭湖,美名家喻户晓,这里人才济济、诗歌繁荣,是楚湘文化的发源地;凤凰古镇古朴神秘,是荆州地区原住民的集聚地,独特的民族风情为楚地更添加了神秘妖娆的独特元素。本章依此展开。

浪漫要塞　荆州

荆州,古称"江陵",是春秋战国时楚国都城所在地,位于湖北省中南部,长江中游两岸,江汉平原腹地,国务院公布的首批 24 座中国历史文化名城之一。荆州历史悠久,是楚文化的发祥地之一,春秋战国时属楚。楚文王元年(公元前 689 年),楚国迁都于郢,即今荆州区纪南城,都郢四百余年。秦属南郡,定治江陵,故常以南郡喻荆州。汉武帝元封五年(公元前 106 年),设立荆州刺史部,东西汉时皆属南郡。三国时期,魏、蜀、吴三分荆州,后荆州归吴,定治南郡。南北朝时,齐和帝时期、梁元帝时期、萧铣、后梁均以荆州为国都。

荆州位于江汉平原中央,自古以来就是兵家必争之地。对于荆州城的建造历史众口不一,如果从春秋楚成王建筑离宫开始算起,则有两千六百多年的历史;如果按三国关羽筑城的传说计算,荆州古城则有一千八百年历史。在千年的悠悠岁月中,荆州积淀了丰厚的历史文化底蕴,成为荆楚文化重要的发源地。荆楚文化作为华夏文化中重要的一支,与黄河中下游地区的商周文化、长江中下游的吴越文化,以及其他同期文化之间相互交流影响,最终得到了完美的融合发展,蕴藏着丰富多彩的文化内涵,在不同时期形成了独具特色的文化特点,如充满了浪漫情怀的楚文化,以及充满豪情壮志的三国文化等。

楚文化——楚辞

一方风土,一方风情,荆楚地区瑰丽奇崛的高山大川,不仅造就了神话与巫鬼盛行的楚地巫文化,更造就了楚人深宏阔大、浪漫诡奇的审美趋向。战国时期的屈原作为"土生土长"的楚国人就受到楚地巫文化的深深熏陶,他对楚地民歌进行创造性的加工,从而创造出了内容恢宏、形式自由、充满了浪漫主义色彩的楚辞。楚辞以"兮"字的广泛使用为主要标志,层次错落的句式和浓烈的抒情色彩是其重要特征,屈原、宋玉等人创作的楚辞作品,因其艺术表现形式的丰富多样而深受人们的喜爱,《离骚》《九歌》等作品,脍炙人口,广为传诵。

屈原画像

战国末期,秦灭楚统一中国,秦始皇采用"焚书坑儒"等残暴的政治措施,对楚文化的影响也尤为深重,所以在秦代楚辞没有得到有效的传播。秦王朝后期,楚汉相争,刘邦建立了强大的汉王朝,由于刘邦、项羽同为楚国人,使得在秦时备受压抑的楚文化迎来了蓬勃发展的机会。作为产生于战国时期的一种新诗体,楚辞起初仅在楚地范围内流传,但鉴于楚辞自身强烈的浪漫色彩和浓郁的抒情意识,使得那些对楚文化充满自豪感而又因历史原因对秦晋等中原诸国怀有积怨的故楚文人将楚辞大力张扬。到了汉武帝时代,汉武帝任用楚国人较多,楚人的政治势力强大起来,楚辞这种原本只是属于战国时期的地方性文化迅速流传到全国,最终占据了文学正宗的地位。

以屈原的作品《离骚》为代表的楚辞,从形式到思想内容都成为汉代文人争相模拟和仿效的对象,因此文学史上出现了一种特殊的文学样式——骚体文学。汉代的文人雅士对骚体的模仿之作屡见不鲜,从而造就了汉代楚辞的繁荣发展。东汉王逸称之"金相玉质,百世无匹,名垂罔极,永不刊灭"。梁代刘勰在《文心雕龙·辨骚》里云:"自风雅寝声,莫或抽绪,奇文郁起,其《离骚》哉!固已轩翥诗人之后,奋飞辞家之前,岂去圣之未远,而楚人之多才乎?"鲁迅先生誉之"逸响伟辞,卓绝一世"。王国维在《宋元戏曲考·序》中这样评价:"凡一代有一代之文学,楚之骚,汉之赋,六朝之骈文,唐之诗,宋之词,元之曲,皆所谓一代之文学,而后世莫能继焉者也。"楚辞成为我国浪漫主义诗歌艺术的第一座高峰。

楚辞作为中国本土文化形式,对世界文学产生了很大影响。《楚辞》在公元703年就已经传入了日本,这在奈良时代正仓院文书《写书杂用帐》中有明确记载。9世纪末,藤原左世奉召编纂《日本国见在书目》,著录有"楚辞家卅二卷",其中《楚辞集音》注明"新撰",可见此时的日本学者在接受、传播楚辞文本的同时,已经开始从事对楚辞的研究工作。日本楚辞学者石川三佐男先生曾经统计过:在江户时期,日本存有与楚辞相关的汉籍多达有七十多种。高丽王朝时期,骚体文学在朝鲜半岛盛行一时,当时有很多文人模仿楚辞创作辞赋,被誉为朝鲜理学之祖的郑梦周所作的《思美人辞》就是一首骚体诗歌。朝鲜王朝时期掀起了一股研读楚辞的热潮,当时著名诗人金时习曾模仿《离骚》写了《拟离骚》《吊湘累》《汨罗渊》等作品来讽刺当朝的奸佞之臣。

楚文化——楚歌

楚歌,顾名思义即楚地之歌,是产生在南方荆楚地区的地方歌谣。《史记·项羽本纪》云:"项王军壁垓下,兵少食尽。汉军及诸侯兵围之数重,夜闻汉军四面皆楚歌,项王乃大惊曰:汉皆已得楚乎?是何楚人之多也!"项羽听到四面楚歌,中了刘邦的计,以为陷入了四面受敌的境地,丧失了斗志,自刎在乌江边,这便是成语"四面楚歌"的出处。

西楚霸王项羽是楚人,他虽是一介武夫,却好楚歌,在乌江口被汉军围困千重之时,作了著名的《垓下歌》,其歌云:"力拔山兮气盖世,时不利兮骓不逝。骓不逝兮可奈何,虞兮虞兮奈若何?"显示出英雄末路的悲壮气概。

汉高祖刘邦的家乡沛县也属楚,他性格豪爽,尤好"楚声"。《汉书·礼乐志》曰:"凡乐乐其所生,礼不忘本,高祖乐楚声。"《史记·高祖本纪》载高祖作楚歌之事云:"……酒酣,高祖击筑,自为歌诗曰:'大风起兮云飞扬,威加海内兮归故乡,安得猛士兮守四方!'令儿皆和习之。高祖乃起舞,慷慨伤怀,泣数行下。谓沛父兄曰:'游子悲故乡,吾虽都关中,万岁后吾魂魄犹乐思沛。'"这就是脍炙人口的《大风歌》的出处。而当他在欲废太子而不得的烦闷时刻,便情不自禁地对戚夫人说:"为我楚舞,我为若楚歌。"作为开国君主,汉高祖的爱好和习惯自然会受到人们的推崇和模仿,因此楚歌便得到了广泛的传播。

商周之交的荆楚大地,由于脱离原始社会不久,处处都散发着浓厚的神秘气息,远古的人们本来就相信鬼神之说,加之又受到殷商巫文化的影响,因而使巫风在楚地更加盛行,以至"崇巫"成为楚国的一大文化特征。正是这种长期盛行于楚地的"巫风",推动了楚歌、楚舞的迅速发展和广泛传播。"巫风"培养了一代又一代的民间歌手,传播了一首又一首的民间歌谣,千奇百怪的神话故事为楚歌的编排提供了取之不尽的题材,遇事必祭的民间习俗最终形成了"楚人善歌"的民族性格。

楚国民歌可分为劳动歌、仪式歌、爱情歌、时政歌。楚国民歌的文学艺术特征主要是大量运用方言土语,普遍采用比兴手法,常用七言句式,结构上多用重章叠句的形式。从两周之际的"二南"之歌到春秋战国时期的楚辞,再经汉代乐府民歌的相和歌、南朝乐府的西曲歌到唐宋时期的竹枝歌,形成了我国民歌发展史上的一个完整的体系——楚歌体系,它是我国民歌历史上极有势力的一翼,与吴歌体系东西并存、争奇斗艳。楚歌体系不仅顺应了我国民歌由四言到杂言、由杂言到五言,再由五言到七言的发展趋势,而且为这种潮流推波助澜,其历史功绩将永远彪炳于中国文学史。

三国文化

闻听三国事,每欲到荆州。荆州是驰名于世的三国鏖兵之地,有着深厚的三国文化积淀。

从三国形成之初到国家重新统一之时,围绕荆州归属展开的三国争夺一直没有停息,荆州之争的情势在很大程度上关系到魏、蜀、吴三方力量的消长和华夏历史的进程。一些脍炙人口的三国故事,如刘备借荆州、关羽守荆州、吕蒙袭荆州等等,都发生在这里;三国时期涉及三分形势形成与发展、变化的一些重要事件,如赤壁之战、夷陵之战以及关羽北攻襄樊失荆州等,也都以荆州为中心舞台。有关三国历史的文学名著《三国演义》,以大量篇幅生动描绘了三国荆州之争,全书120回,约有2/3的故事发生直接或间接与荆州相关。由此可见,三国与荆州紧紧相连。荆州特定的社会地理位置决定了魏、蜀、吴三国的历史发展进程,在这三国的历史发展进程中就培育出了浓浓的三国文化。

诸葛亮隐居隆中,思考天下大计,对刘备讲述了著名的《隆中对》,为他分析天下大势:曹操雄踞北方,在政治上"挟天子以令诸侯",而且在扫荡北方群雄的过程中,积聚了一支强大的武装力量;江东孙权"地险民附",吴郡顾雍、陆逊等世家望族诚心拥戴,更得周瑜、鲁肃、张昭等文武干才全力辅佐,兼具长江天险。而荆益二州,民殷国富,惜乎其主暗弱、久未征战,动荡之秋,必为他人吞并。诸葛亮认为荆州具有"北据汉、沔,利尽南海,东连吴会,西通巴蜀"的重要战略地位,力劝刘备吞并荆州,向巴蜀发展,与吴魏形成鼎足之势。这篇奇文锁定了荆州的地位,奠定了三分天下的战略基础。

赤壁大战是曹、孙、刘三方会兵于荆州,在长江中游进行的一次大决战。战争的结局,曹魏退归北方,孙吴稳定了局势,刘备获得发展空间。三国时期,这三方会兵于荆州的情形是荆州独有的现象。三国遗迹遍布荆州全市,关公刮骨疗毒处、关公洗马池、点将台等名胜古迹,留下了诸多关于三国时期的脍炙人口的动人传说。

荆　州

荆州与关羽故事

相传原先荆州城为关羽所筑,因为关羽受命镇守荆州时,面临孙权、曹操势力的夹击,需要加强荆州的防守,于是调集十万人马昼夜筑城,很快就把荆州城筑起了。传说当时镇守芦苇荡的张飞挑着一满担土连夜赶来相助,等他急急匆匆赶到东门外,城已筑起,张飞喜不自禁,把一担土倒在地上,成为荆州城的名胜之一"张飞一担土"。这"张飞一担土",又名"画扇峰",状如画扇一样的小山。关羽筑荆州城未见史书,但《水经注》等典籍载,荆州"旧城为关羽所筑"。

在荆州,关羽的青龙偃月刀和赤兔马也被赋予了传奇的色彩。荆州城西北20多公里处有座著名的山岭冈地,叫作八岭山。八岭山麓有一口山泉,泉口呈马蹄状,泉水十分清凉,久旱不枯,久雨不溢,常年可饮,此泉名为"马刨泉",相传是关羽的赤兔马用前蹄刨出的。说是当初关羽受命率部去当阳长坂救援又一次被曹军围困的刘备,时值酷暑,士兵们口渴难忍,附近又找不到水源。关羽平时十分爱护士卒,见状甚为着急,不住地挥鞭作叹。赤兔马心领神会,咆哮着使劲用前蹄刨地,把泉水给刨了出来。众将士饮后精神大振,一举击败曹军救出了刘备。清道光年间,在泉口边建有一块石碑,上刻"马刨泉碑记",备细记述此事。

荆州流传的关羽故事丰富多彩,民间传说给荆州城内外一些地名增添了文化的韵味。今天,一些地名的背后都藏有关羽的传说。如城东百里长湖南岸的关咀口,本是长湖岸边的渡口,传说因关羽在此视察水军而得名;南门关庙东侧一条街巷叫作关带巷,因为关庙的所在地原为关羽在荆州的府邸,关带巷是关府一带的街巷。还有偃月堤、铜铃冈、系马山、洗马池等等,都是关羽传说的产物。

楚文化的诡异绮丽、三国文化的脍炙人口，使得荆州历史文化灿烂夺目。从楚汉相争的英雄故乡，到三国争雄的兵家重地，荆州无不扮演着关键战略要地的角色。历史如果是一幕戏，荆州就是压轴的部分，在这里，有帝王豪气，也有侠骨柔情，有轻歌曼舞，也有金戈铁马、战鼓雷鸣……灿若星辰的英雄，波澜壮阔的斗争，独具魅力的历史文化和生动鲜活的人物在荆楚大地上留下了光辉的历史印记。

祥瑞钟聚　钟祥

钟祥,位于湖北省中部、汉水中游,有文字记载历史长达两千七百多年,是一座历史悠久、人杰地灵、名人辈出的文化名城。春秋战国时期,钟祥为楚别邑,称郊郢,系楚国陪都。西汉初置县,三国时属吴,称石城。西晋置竟陵郡,唐、宋设郢州。元升为安陆府,明初改安陆州。明嘉靖帝即位后,升安陆州为承天府,并设钟祥县,取"祥瑞钟聚"之意。

钟祥就像其名字一样,是一个吉祥如意的地方,有着广袤肥沃的土地和优越的地理区位,这里宜居的自然环境、殷实的物质保障,使得钟祥自古至今都是著名的长寿之乡,除了大自然的恩惠,老人长寿的原因,最主要还是当地崇尚尊老爱幼、祖孙同堂的风尚和习俗。

有"神秘钟祥,帝王之乡"美誉的钟祥,与荆州一样是楚文化的发祥地和传播中心之一,其悠久的历史孕育了光辉灿烂的楚文化,造就了楚辞文学家宋玉、楚歌舞艺术家莫愁女等一批在历史上产生深远影响的人物,著名的"下里巴人""阳春白雪"等均从这里开始传唱天下。这里被称作"帝王之乡",是因为明世宗嘉靖皇帝生养发迹于此,埋葬嘉靖帝父母的明显陵,位于钟祥市城东北纯德山,是全国最大的单体帝陵,2000年作为明清皇家陵寝的组成部分,被列入世界遗产名录,将钟祥重新推到了人们的眼前。

宋玉

宋玉(前300年—前230年),著名的楚辞文学家,战国时楚国郢中（即今钟祥）人。宋玉师承屈原，是继屈原之后的第二大楚辞诗人，中国先秦时期的重要作家，文学史上往往以"屈宋"并称。他又是历史上著名的美男子，古代笔记、小说、戏曲、话本中往往以"美如宋玉，貌若潘安"来形容男子之俊美。宋玉出身低微，天资聪颖，善巧辩，精通音律，才华出众，具有正义感和爱国主义精神。他在仕途上始终不得意，仅在楚襄王时期作过文学侍从、大夫之类的小官，后遭诋毁，被楚王疏远，悲愤满腔，抑郁而亡。

宋玉的文学成就很高，在中国文学史上占有相当显著的地位。宋玉的作品《汉书·艺文志》著录16篇，现在尚存有《九辩》《招魂》《风赋》《高唐赋》《神女赋》《登徒子好色赋》《笛赋》《大言赋》《小言赋》《讽赋》《钓赋》《舞赋》《对楚王问》13篇。历代诗人、作家对宋玉十分尊崇，将他与屈原同称为"辞赋之祖"，唐代现实主义诗人杜甫称宋玉"风流儒雅亦吾师"。宋玉的辞赋作品是楚文学的重要组成部分，反映出先秦时期中国文学创作所取得的巨大成就，特别是他的《九辩》，开创了古代诗歌中"悲秋"之作的先河。

《九辩》是宋玉的代表作，长一千七百多字。《九辩》这首抒情长诗，善于将秋天的景物铺陈开来，抒发了诗人的悲伤情怀，表现了才志之士在黑暗社会中的不幸遭遇，写出了作者的感慨和不平：

悲哉！秋之为气也。萧瑟兮，草木摇落而变衰。
憭栗兮，若在远行。登山临水兮，送将归。
泬寥兮，天高而气清；寂寥兮，收潦而水清。

"悲哉！秋之为气也。萧瑟兮，草木摇落而变衰……"将肃杀的秋景与悲怆的心境融为一体，很能引起人的凄凉感，引起失意的封建文人的共鸣。全诗语言清新,想象丰富,手法细腻,主观客观和谐统一,所以很受人推崇,"悲秋"也成为后世文学作品中不断重复的主题。

阳春白雪

宋玉和他的老师屈原同样遭受到楚国宗室贵族的排挤和谗害。楚襄王时,宋玉任文华大夫,楚襄王问宋玉曰:"先生其有遗行与?何士民众庶不誉之甚也!"意思是:"先生的行为恐怕有不检点的地方吧!为什么许多人都对你不满意呢?"宋玉回答说:"客有歌于郢中者,其始曰《下里》《巴人》,国中属而和者数千人。其为《阳阿》《薤露》,国中属而和者数百人。其为《阳春》《白雪》,国中有属而和者,不过数十人。引商刻羽,杂以流徵,国中属而和者,不过数人而已。是其曲弥高,其和弥寡。"宋玉没有直接回应楚王的问题,而是讲一个道理,低俗的乐曲如《下里》《巴人》,会得到很多人的附和,而高雅的艺术如《阳春》《白雪》,不被多数人理解和接受,是常有的事,我们不应因此而简单地否定它。他自喻为阳春白雪,曲高和寡,这件事被广泛流传。阳春白雪也成为众口皆知的成语,原指艺术性较高、有难度的歌曲,现指高雅乐曲,亦指高深典雅、不够通俗易懂的文艺作品,常跟"下里巴人"对举。

诗仙李白一生郁郁不得志,联想到宋玉,感慨万千:"宋玉事楚王,立身本高洁。巫山赋彩云,郢路歌白雪。举国莫能知,巴人皆卷舌。一惑登徒子,恩情遂中绝。"又说:"昨夜巫山下,猿声梦里长。桃花飞绿水,三月下瞿塘。雨色风吹去,南行拂楚王。高丘怀宋玉,访古一沾裳。"这位恃才放旷的天才诗人,深深地为宋玉所折服。

莫愁

春秋时,楚国的郊郢也就是今天的钟祥有一户卢姓人家,卢公夫妇生了一个女儿,生得容貌清秀,十分可人。卢公端详着女儿,连声高兴地说:"如此娇娥,莫愁了,莫愁了!"于是,就给女儿取名"莫愁"。长到十五六岁,莫愁竟如沧浪湖中出水的芙蓉,更兼一副清亮甜脆的嗓门,说起话来好像泉水淙淙,唱起歌来如黄鹂啾啾。郊郢有因楚国大师刘涓子的古琴曲《阳春》《白雪》而得名的阳春台和白雪楼,四方才子常常在此聚会。聪明

刘继卣作莫愁女故事图

乖巧的莫愁女在江河摇橹摆渡,总是在白雪楼附近登岸,耳濡目染,知晓了四方风情,习得南北声乐。她的歌声传遍了郊郢,逐渐有了名气。楚襄王十九年(公元前 280 年)的阳春节,楚国的文华大夫宋玉在白雪楼举办歌舞赛会,莫愁女应邀赴会。比赛结束,莫愁女独占鳌头,宋玉赞她生来奇巧,容貌奇美,歌舞奇艳,性情奇乖,称她为"奇女",奇女莫愁从此名声大噪。

"家家迎莫愁,人人说莫愁。莫愁歌一字,恰恰印心头。"当年的奇女莫愁成了著名的"歌舞艺术家",她的歌舞声誉传进了楚王宫苑,被楚襄王征进宫做了歌舞姬女。在楚王宫,莫愁师从屈原、宋玉,在二人的指导帮助下,融楚辞乐声,翻古传高曲,完成了高雅名曲《阳春》《白雪》的入歌传唱。曲高和寡的《阳春白雪》成为千古绝响,对后世的乐赋入歌传唱产

生了深远的影响。

莫愁女在我国古代也是影响很大的文学故事人物。早在南朝刘宋时代,就出现于骚坛;在唐代,涉及钟祥莫愁故事的诗词作品,多引莫愁为典,用她比喻美姬或歌女,如李商隐《富平少侯》诗"当关不报侵晨客,新得佳人字莫愁",元稹《西凉伎》诗"楼下当垆称卓女,楼头伴客名莫愁",武元衡《听歌》诗"满堂谁是知音者,不借千金与莫愁",李中《江南春》诗"永巷歌声远,王孙会莫愁"等等;赵宋时代,又屡屡出现于笔记文或地舆志中,到了明代,更有"人人说莫愁"之说;至清代,吟咏莫愁的诗歌竟逾百首。

郊郢的人们为了纪念她,就把莫愁出生的村子改名为莫愁村,把石城湖改名为莫愁湖。在钟祥,莫愁的故事家喻户晓,莫愁湖山水相依,又得人文映衬,可谓"名曲越千年,人地两流芳"。

明显陵

明显陵始建于明正德十四年(1519),迄于明嘉靖三十八年(1559),历时四十年建成,是明世宗嘉靖皇帝的父亲睿宗献皇帝和母亲献皇后(章圣皇太后)蒋氏的合葬墓。

明显陵的兴建与明世宗嘉靖皇帝有着直接的关系,几乎贯穿嘉靖皇帝御极的始终,兴建时间之长和陵寝形制之巧都堪称明陵之最。明显陵不仅是一座典型的明代帝陵,还是明朝中叶重大历史事件"大礼议"的见证。

大礼议事件

明正德十六年(1521),明武宗纵情声色,不到30岁就驾崩了,未留下任何子嗣。按明朝祖制,他的堂弟朱厚熜继承大统,这就是明嘉靖帝。嘉靖刚即位就在追尊其已故生父兴献王朱祐杭一事上与廷臣们产生了矛盾。

登上皇帝宝座后，按照皇统继承规则，朱厚熜应过继给孝宗皇帝做儿子。继统必须兼继嗣，世宗应以孝宗皇帝为"皇父"，要承认孝宗是"皇考"，享祀太庙，以孝宗皇帝的皇后慈寿太后为"圣母"。而兴献王、妃为本生父母，不加"皇"。世宗对这条祖宗传下来的规矩很不以为然，决定自立体系，效仿太祖朱元璋追尊四世先祖为皇帝的例子，追尊死去的父亲为皇帝。

嘉靖三年（1524）朱厚熜敕谕礼部"今加称兴献帝为本生皇考恭穆献皇帝"，反对派见此，"大集群臣九卿23人，翰林21人，给事中、御史、诸司郎官及吏部、户部、礼部、兵部、刑部、工部、大理寺属及大学士毛纪、石瑶等200余人，相继跪在左顺门，自早至午"。世宗数次命司礼监传其手谕，令群臣退去，可是群臣依然"伏地如故"，进行抗议。嘉靖大怒，引发了明朝历史上规模最大的一次"廷杖"，锦衣卫将五品以下的在场大臣逮捕杖笞，并杖死其中17人，将220余人全部逐出朝廷，还分别予以入狱、夺俸、贬官、戍边等处罚，最终用武力"平息"了这场长达三年的"皇考"之争。事后，朱厚熜更定大礼，称孝宗为皇伯考，追尊生父兴献王朱祐杬为皇考恭穆献皇帝，完成了自己的昭穆体系。历史上把此次事件称作"大礼议"事件。

"大礼议"事件以世宗朱厚熜的皇权代表获得全面胜利而终结。随着世宗皇权的加强，朱厚熜按照帝王陵寝规格为其父修缮皇陵，并钦定陵号"显陵"。所谓显陵，是因朱厚熜自称其父"唯我皇考，若日月之照临，光于四方，显于西土"而得名。"显"还有"行见中外""显赫闻达"之意。

明显陵围陵面积183.13公顷，整个陵园双城封建，其外罗城周长三千六百余米，红墙黄瓦，金碧辉煌，蜿蜒起伏于山峦叠嶂之中。显陵由三十余处规模宏大的建筑群组成，依山间台地渐次布列有纯德山碑、敕谕碑、外明塘、下马碑、新红门、旧红门、御碑楼、望柱、石像生、棂星门、九曲御河、内明塘、棱恩门、陵寝门、双柱门、方城、明楼、前后宝城等,疏密有间,错落有致,尊卑有序,建筑掩映于山环水抱之中,相互映衬,如同"天设地造",是建筑艺术与环境美学相结合的传世杰作。

没有哪个词能比"祥瑞钟聚"更贴切地评论钟祥。这里生有著名楚辞文学家美男子宋玉,有貌美又善歌舞的表演艺术家莫愁女,这里还是著名的长寿之乡,如此祥瑞钟聚之地,难怪明嘉靖帝一定要把自己父母的陵墓建在这里。

赤县神州

济济一堂　岳阳

"风吹洞庭云中波,浪打长堤柳飞歌,船往滩里行,网从天上落,朝捕晨曦星月隐……"一曲渔歌唱响岳阳大地,引得历史光影在洞庭湖上幕幕重现:走向汨罗江的屈原、指点江山的孙权、仗义传书的柳毅、先忧后乐的范仲淹,《岳阳楼记》传颂古今,洞庭诗歌吟诵千年……

岳阳古称巴陵,又名岳州,公元前505年建城,距今已有两千五百多年历史。其夏商时期隶属荆州之域,称为三苗之地,古越族在此繁衍生息,在城陵矶筑起"大彭城";春秋战国时期属楚,是楚湘文化的发源地。

"造物之大,凝而为山,融而为水,岳崎川流各止其所,邑中群山,东奔众水,西汇天岳,远连州郡,洞庭环绕,湘山盘纡,浩渺奥如旷,如名胜流传,号称奇绝",从古人的描述中可以看出,岳阳多水环绕,自然地理条件优越。具体表现为岳阳地势东高西低,呈阶梯状向洞庭湖倾斜,地形地貌组合复杂,丘岗盆地相互穿插,平原湖泊犬牙交错。多样性的地形地貌和自然风光,使岳阳自然资源呈现出风格各异、种类齐全的显著特点。

岳阳集名山、名水、名楼、名人、名文于一体,是中华文化重要的始源地之一。爱国诗人屈原,当他理想破灭,以死抗争的时候,选择了岳阳土地上的汨罗江作为自己生命的归宿。从此以后,"日夜江声下洞庭"的汨罗江就一直驰骋着一股悲壮的英雄气概。诗圣杜甫,拖着病残的身体,瞻仰"屈原祠",登临岳阳楼,写下了著名的诗篇《登岳阳楼》,不久,客死在岳阳。还有李白、韩愈、白居易、孟浩然、陆游、欧阳修等著名的诗人,都先后来到岳阳吟诗作赋,留下了许多动人的篇章。宋代的范仲淹把对岳阳的吟诵推向了高潮,他写下的《岳阳楼记》成为千古奇文,"先天下之忧而忧,后天下之乐而乐"成为众多仁人志士抒发忧国忧民高尚情怀的方式。

《岳阳楼记》传颂古今

岳阳楼耸立在岳阳市西门城头,与君山岛遥对,东倚巴陵山,西临洞庭湖,北枕万里长江,南望三湘四水,与江西南昌的滕王阁、湖北武汉的黄鹤楼并称为古代江南三大名楼,并且是三大名楼中唯一一个保持木质架构的古楼,素有"洞庭天下水,岳阳天下楼"的美誉。

岳阳楼始建于公元220年前后,其前身为三国东吴大将鲁肃操练水兵之"阅军楼",西晋南北朝时称"巴陵城楼"。唐开元四年(716),中书令张说谪守岳州,扩建阅军楼,增其规模与形制,取名"南楼",后改称"岳阳楼"。千百年来,无数文人墨客在此登楼览胜,凭栏抒怀,并记文、咏诗、作画,于是岳阳楼声名鹊起,成为风流韵士游览观光、吟诗作赋的胜地。

岳阳楼真正名满四方,绝冠天下,是在北宋滕子京重修楼阁,范仲淹作《岳阳楼记》之后。庆历四年(1044),滕子京被贬岳州,当时的岳阳楼已坍塌,在民众支持下,庆历五年滕子京重修岳阳楼。楼台落成后,滕子京写下求记书,委人画了一幅《洞庭晚秋图》,一并寄给当时因新政失败被贬河南邓州的范仲淹。范仲淹对好友千里求文的举动十分感动,当晚便乘着酒兴,于花洲书院秉烛执笔,写下了名传千古的《岳阳楼记》:

庆历四年春,滕子京谪守巴陵郡。越明年,政通人和,百废具兴。乃重修岳阳楼,增其旧制,刻唐贤今人诗赋于其上。属予作文以记之。予观夫巴陵胜状,在洞庭一湖。衔远山,吞长江,浩浩汤汤,横无际涯;朝晖夕阴,气象万千。此则岳阳楼之大观也。前人之述备矣。然则北通巫峡,南极潇湘,迁客骚人,多会于此,览物之情,得无异乎?若夫淫雨霏霏,连月不开;阴风怒号,浊浪排空;日星隐曜,山岳潜形;商旅不行,樯倾楫摧;薄暮冥冥,虎啸猿啼。登斯楼也,则有去国怀乡,忧谗畏讥,满目萧然,感极而悲者矣。至若春和景明,波澜不惊,上下天光,一碧万顷;沙鸥翔集,锦鳞游泳,岸芷汀兰,郁郁青青。而或长烟一空,皓月千里,浮光跃金,静影沉璧;渔歌互答,此乐何极!登斯楼也,则有心旷神怡,宠辱偕忘,把酒临风,其喜洋洋者矣。嗟夫!予尝求古仁人之心,或异二者之为,何哉?不以物喜,不以己悲;居庙堂之高则忧其民,处江湖之远则忧其君。是进亦忧,退亦忧。然则何时而乐耶?其必曰"先天下之忧而忧,后天下之乐而乐"乎。噫!微斯人,吾谁与归?时六年九月十五日。

《岳阳楼记》全文368个字,字字珠玑,文情并茂,内容之博大,哲理之精深,气势之磅礴,语气之铿锵,可谓匠心独运,堪称绝笔。北宋文学家欧阳修评价说"文正《岳阳楼记》,精切高古,而欧公犹不以文章许之。然要皆磊磊落落,确实典重,凿凿乎如五谷之疗饥,与世之图章绘句、不根事实者,不可同年而语也"。岳阳楼因《岳阳楼记》而扬名天下,而《岳阳楼记》也因岳阳楼而得以传诵千古。

洞庭诗歌吟诵千年

说到岳阳洞庭湖,就不得不提洞庭湖的诗,许多名人放歌洞庭,写出了妙词绝句千余首,远近有名的不下百篇,使得洞庭湖声名大振。尤其在唐代,洞庭湖不仅面积达到最广阔,号称"八百里洞庭",而且描写关于洞庭湖的诗歌达到空前繁荣。唐代以后,由于贬谪、漫游、为官到此的文人墨客大量增加,他们常采用洞庭意象(常用的意象有山水意象、思乡意象、送别意象、忧国意象、隐逸意象)抒发情怀,喜怒哀乐,各臻其妙。这些名人的诗文为名楼和名湖的人文景观增辉生色。游览岳阳楼,俯瞰洞庭湖,吟诗感志,领会文人骚客的襟怀,成为后来人的一大乐趣。

洞庭晚秋图

唐玄宗开元二十一年(733)孟浩然西游长安,路过岳阳时,来到洞庭湖畔,眼见岸边草木繁茂,郁郁苍苍,洞庭湖水就似万木生命之源,澎湃激荡,充满了生命力,好像连岳阳城都瑟缩不安地匍匐在它脚下一样,孟浩然顿生伤感,联想到自己现在的境地就好像是欲渡洞庭湖,却无舟楫一样,自己"端居耻圣明",不甘心坐闲,胸怀大志,渴望得到赏识和录用,于是在洞庭湖畔写下这首传唱千年的《望洞庭湖赠张丞相》:

八月湖水平,涵虚混太清。
气蒸云梦泽,波撼岳阳城。
欲济无舟楫,端居耻圣明。

> 坐观垂钓者,徒有羡鱼情。

同是观洞庭湖,同是触景生情,孟浩然表现的是自叹自身仕途艰难,渴求当权者提携的心迹:"坐观垂钓者,徒有羡鱼情。"而杜甫则由眼前美景跨越时空去叹嘘烽火连天的万里关山,去挂系岌岌可危的祖国命运。唐代宗大历三年(768),吐蕃以十万余兵入寇灵武,又以二万兵入寇邠州,京师戒严,祖国的西北边防正处在多事之秋,国家多难,而此时的杜甫已57岁,他处境艰难,疾病缠身,沿江由江陵、公安一路漂泊,来到岳阳。当他登临岳阳楼,眼望浩瀚的洞庭湖时,涤荡在诗人胸中热爱祖国山河的情感像火山岩浆般迸射出来,加上坎坷的政治生活、不得意的仕途和生活磨难,引发了他对家国身世的重重感触,忍不住涕泪纵横:

> 昔闻洞庭水,今上岳阳楼。
> 吴楚东南坼,乾坤日夜浮。
> 亲朋无一字,老病有孤舟。
> 戎马关山北,凭轩涕泗流。

杜甫用日月的出没表现洞庭湖水的浩瀚,用湖水激昂的气势表现自己胸襟气质,潮水的声音绵绵不绝,仿佛诉说他漂泊无涯、怀才不遇的身世。他将洞庭水、岳阳楼、日月交替、孤舟等审美意象烙上诗人感情的印痕,流淌出诗人汩汩情思,创作出高深的艺术境界,在这艺术空间中文与质、形与神、意与境,都达到了高度融合。

诗人李白与洞庭湖也有不解之缘。安史之乱后,李白卷入宫廷斗争,获了个"狂妄之罪",被流放到夜郎。"三朝又三暮,不觉鬓成丝",已年近花甲的李白,此时十分沮丧。但在他途经江陵时,皇上颁布大赦令,李白喜出望外,旋即放船东返,"朝辞白帝彩云间,千里江陵一日还"。在江陵稍作停留后,他便来到了岳阳。此时的岳阳,贬官和"罪臣"人数颇多,于是,在岳阳城的李白找到了归属感。站在岳阳楼举目四望,但见湘资沅澧四水滔滔北上,万里长江滚滚西来又似银色巨龙蜿蜒东去,而洞庭湖阔大壮美,晚霞又把一碧万顷的湖水染得浮光耀金。李白在城楼上流连、震撼,在举杯畅饮之中,一首想象新奇、感情强烈、意境奇伟瑰丽、语言清新明快的杰作脱颖而出:

楼观岳阳尽,川迥洞庭开。
雁引愁心去,山衔好月来。
云间连下榻,天上接行杯。
醉后凉风起,吹人舞袖回。

洞庭诗歌在唐代崛起并达到高峰。流贬制度的加强促使往来于洞庭湖上的贬谪诗人此起彼伏,疆域的辽阔、经济的繁荣使大批诗人完成了漫游洞庭湖的心愿,政治统治的强化使派遣到南方为官的诗人不断增多,随着南方经济的发展和北方主流文化的南下,洞庭诗歌在唐代终于兴起。有学者统计,唐代有近两百位诗人、约七百首诗歌直接或间接地涉及洞庭湖。"诗因湖生,湖以诗传",唐代洞庭诗人、诗歌数量的历史性突破,扩大了洞庭湖的影响力,提高了洞庭湖的地位,洞庭湖在唐代知名度便可想而知了。

岳阳是湘楚文化的发源地、世界四大文化名人之一屈原的自沉纪念地,二妃哭舜的上古神话、民间传奇《柳毅传》等传说故事都在这里流传。岳阳楼与洞庭湖是岳阳人文地理瑰宝的重中之重,中国古代著名的诗人们,或贬谪至此、或游历经过,在岳阳济济一堂,与风光旖旎的自然景观、丰富多彩的神话传说、水上交通枢纽的地位共同促进了岳阳楼、洞庭湖诗歌的繁荣。如果把中国诗歌史比喻为一幅巨幅画卷,岳阳的一楼一湖便是这画卷的着眼点。

古朴神秘　凤凰古镇

凤凰古镇西南有一座山，形状酷似展翅飞翔的凤凰，所以称凤凰镇，因它紧邻沱江而建，又称沱江镇。古镇历史悠久，始建于明代（1368—1644），但大多数木制建筑建于清代（1644—1911），历经几百年的风雨沧桑，古貌犹存。这里是土家族和苗族的聚居地，还有回族、白族、瑶族等多个民族，其中苗族多以村、寨等集中的方式出现。凤凰古镇的凤凰土话、苗族服饰让人耳目一新，被称作原始戏剧活化石的傩堂戏，地方风味的阳戏、文武茶灯戏让人大开眼界，还有多种民间技艺，如玻璃吹画、蜡染、纸扎等。

著名作家沈从文先生是凤凰人，他用细腻多情的笔触，勾画了一个如诗如画、恬静淡远、独具风情的湘西世界。很多人相信，沈从文成长的凤凰古镇塑造了他向美求善的生活理想，凤凰古镇更成为《边城》中优美、健康、自然的理想世界，是人与自然和谐统一、理想与现实并存的完美形态。沈从文先生用翠翠、二佬、大佬对自由爱情的幻想和追求，体现了他作为一代湘西古朴性格的继承者承担的自由意志和纯粹人性。

凤凰古镇很小，只有一条保存完好的明清时期建造的主街道，这就是大名鼎鼎的凤凰古街。古街长约 1200 米，**地面**和台阶用石块、石条铺就，呈"S"形东西走向。同时，它的朝向与秦岭空气流向相适应，避西北寒风，东纳阳光，夏迎东南凉风，是适宜人居住的老街。街上的房屋建筑一幢二层，正房中坐，倒坐相对，两侧厢房对称分布，颇具江南风格，被史学称为具有秦风楚韵的"江汉古镇活化石"。

古镇的房屋建筑保持了山地环境的原有植被和地形,建筑布局紧凑,充分利用现有的自然资源进行建造,其中吊脚楼的建筑使空间呈现出三维特性,显现出参差错落的美妙空间景观。

吊脚楼

凤凰县地形复杂,东部是河谷丘陵地带,以低山、高丘为主,兼有岗地及部分河谷平地,地表切割破碎,谷狭坡陡。从东北到西南的中间地带以中低山和中低山原为主,地势较平缓开阔,谷少坡缓、垅田较多,石灰岩广布,天坑溶洞甚多。西北边缘地带,峰峦连绵,谷深坡陡。总体来看,地形有差异,山地居多,大小河流溪沟156条,总长709千米。凤凰古镇的先人们在建房前要充分考虑山地建筑与地形、植被、水体等环境要素,采用了独具特色的建筑模式——吊脚楼。

古镇的吊脚楼属于古代干阑式建筑,处处表现出的历史乡土风貌,是我国南方许多民族的一种传统住房。一般分两层,用木、竹料作桩柱、楼板和上层的墙壁,下层多无遮栏;顶盖杉皮或草、瓦等。上层住人,下层圈养牲畜或放置农具等物。湘西地区多水多雨,空气和地层湿度大,将房屋底层架空,对防潮和通风极为有利,不仅造价较廉,也节约土地。吊脚楼和其他住房一样,外形也有简陋与精致之别。精致的吊脚楼飞檐翘角,三面环廊,楼底支撑着几根八棱形、四方形并刻有绣球或金瓜的悬柱,壁板漆得锃亮光鲜,嵌有花窗,花窗镂有"双凤朝阳""喜鹊恋梅"等图案,古朴而秀雅。

吊脚楼的建筑样式不同寻常,它一部分直接与山体地表发生接触,其他部分与山体地表脱开,或临水,或靠田坝,很好地适应了地形。同时,吊脚楼根据坡度的陡与缓,用不同高度的悬柱来调节建筑的底面,产生出高低变化、参差错落的景象,给人以落差美,表现出了一定的"势态景观",其形体的集聚又会产生"势"的趋向。吊脚楼群景观既考虑了地段环境的协调,又注意与整体山势的和谐,是少数民族智慧的遗产,也是完美的人文景观。

还傩愿

在这座被群山环绕的湘西古城里,苗族、土家族和部分其他少数民族混居在一起,形成了特有的文化。还傩愿就是这里流传最广、影响最大的祭祀文化活动。作为一个自古传承的民俗现象,还傩愿不仅具有悠久的历史,而且已经渗入本地多元文化的日常生活之中。这种多民族共生的古老文化现象,具有深厚的崇祖意识、鲜明的民族个性、浓重的巫术色彩和突出的母系遗痕。

《辰州府志》中说到"楚俗尚巫信鬼,自昔为然",在王逸的《九歌幸句序》中也有记载:"楚国南郢之邑,沅湘之间,其俗信鬼而好词。其词,必作歌乐鼓舞,以乐诸神。"古代湘西苗民,认为"万物有灵",相信鬼神、灵魂不灭和来世。他们信仰多神,认为神佑善恶之分,善神造福人类,恶神祸国殃民。苗民的祖先崇拜,就是祭祀有功于苗民的善神,其中祭祀的形式,有地区性的祭,有村寨性的祭,有家族性的祭,有户祭等。

还傩愿主要祀奉的是人类始祖神——傩公傩母。傩公傩母是一对兄妹,传说他们在人类几乎被洪水灭绝之时繁衍了本族人种,故被后世子孙供奉在傩堂神坛上的核心位置。还傩愿主要歌颂他们开天辟地的功绩,要傩公傩母保佑子子孙孙的幸福,后来逐步发展为祈求好运,避免患病、五谷欠收、六畜遭瘟等。如果向傩公傩母许下的心愿在三年之内如了愿,便是傩公傩母显灵,则需备下三牲供品,请巫师在户主堂屋设下傩坛,以大段的歌词吟诵他们卓尔不凡的身世,颂扬他们再造种族的恩德,显示他们无与伦比的神通,来完成还愿仪式。

还傩愿时,"群击彭钲,以助其声。巫跳舞神前祝之,拜之,歌唱之",这种还傩愿的舞蹈,称为"傩愿舞",是一种古老的艺术形式。它的内容有"开山舞""土地舞""开路郎君舞""扮仙锋娘舞""八郎舞""络巾舞"等。每一个节目,都有自己的歌曲、乐器、步法、造型和服装。其中,动听的傩词唱腔,已发展成为具有鲜明民族特色的傩腔音乐。傩愿舞动作多变,有正步、踏步、弓步、碎步、丁字步、八字步等,步伐优美,刚柔相济,十分赏心悦目,是苗族祖先给苗族人民留下的宝贵遗产。

苗族文化

湘西地处云贵高原的余脉武陵山区,自然景观神奇、娇娆,这里是云贵川鄂的临界点,处于一个文化交流与融合的碰撞地带。坐落于此的凤凰古城便承担了融合民族文化的责任,千百年来,这里生息着苗族、土家族、瑶族、侗族等古老民族,前文中的吊脚楼即是这个古城中反映少数民族特色的传统民居。

苗族是这里的原住民,苗族在吸纳众多它文化因子的同时又保留了自身独特的文化个性。古城中身穿民族服饰、戴着高高的裹头布的苗族婆婆,在沱江上泛舟的船夫与渔民对歌,胸前银饰叮当作响的苗族少女,以及古城周围遍布着的很多原汁原味的苗寨等苗族文化元素,以独特、神秘的苗族风情吸引着四面八方的游客。

在苗族传统社会中,"男耕女绣"是其社会分工的基本形式。苗语"本雄本巴"意为"苗族绣花",苗族姑娘自幼从母学习绣花,日复一日,个个心灵手巧,都成了绣花能手。绣花又是以"凿花"为模本的,凿花的初衷是作为苗族服饰纹样的"花模范本",苗语称为"压本"。"压"意指凿花的加工方式,相当于"凿","本"是指图案底样,又称"花模"或"绣模"。"凿在纸上,绣在衣上,穿在身上",苗族凿花与绣花是一对有亲缘关系的姊妹艺术,风格各异、色彩鲜艳的纹样穿在苗族姑娘身上,成为具有生命力的活泼少数民族风采的体现。

苗族是一个信鬼尚巫的民族,苗族先民不但相信傩神具有有求必应的魔力,视傩公傩母为祖先,而且还从生活中寻找能够代表傩神强大力量的形象。牛作为人类祖先最早驯化的野生动物,作为生产力而最早参与人类的活动。其力气、其体魄,成为处于农耕时代的苗族先民心中不可超越的伟岸形象。牛角其形、其硬、其坚,具有一种锐意的进攻性,它征示着男性生殖力的强旺,供奉牛角寓意人丁发达兴旺,由此成为一种父性的标志。在苗族,牛是力量与生命永存的象征。因此,牛和牛角得到广泛敬仰,如神龛上或火塘边中柱上的牛头牛角供奉。著名凿花艺人在傩面系列作品中,采用了复合造型,将牛与男人形象叠合,大量使用"方""尖""缺"刀法,使得"黑"与"白"关系对比明显,粗犷、坚实线条的对称构成,凸显力量与生命的强旺。

苗族傩面具

凤凰古镇如其名字一样神秘而吉祥,作为原住民的苗族成为这座古镇建筑风格、生活方式、信仰与祭祀的最典型代表。大山深处的这座古镇和居住在这里的人们,是富有创造力和生命力的,他们尊重自然、信仰祖先,通过崇拜神秘和富有力量的生命,表达对生命的希冀与恐惧,探求生命的意义与价值,寻找生命的自救与永恒。

豫州

《禹贡》曰"荆河惟豫州"。《孔传》中记载的豫州范围是"西南至荆山,北距河水"。蔡沈《书集传》中也有记载:"豫州之域,西南至南条荆山,北距大河。"这里"河"指黄河,"荆"指荆山,在今湖北的西北部。《汉书·地理志》"南郡·临沮"曰:"《禹贡》南条荆山在东北。"《尚书地理今释》曰:"荆山,在今湖广襄阳府南漳县西北八十里。《左传》'荆山,九州之险'指此。"依《禹贡》所说之"豫州",其境约相当于今日河南黄河以南地区,湖北西北部、山东西南一隅和安徽的西北角。

武当山处于豫州的"湖北西北部"地区,作为道家名山,风景秀美,人文色彩丰富,可作为豫州特色地貌的代表。位于河南的中原地区是中华民族文明发达最早的地区之一,历代王公贵臣出入往复,文人雅士栖息于此,"四方达人高士自远而至,学者苟有向往之心",文化积淀深厚,河南的别称也称"豫",因此,在河南境内选取三处代表性的地区进行展示。洛阳是中华文明的发祥地之一,也是我国四大古都之一,选取洛阳以重现古代中原盛世的情景;中国著名的巨型石窟艺术景观共有四处,本书选择独具特色的龙门石窟进行重点阐述,单成一节;同时登封地区文化荟萃,独特的儒、释、道"三教合流"的文化特征在这里融会贯通,书写了辉煌的人文历史。

豫 州

亘古圣境　武当山

传说西周的净乐国太子真武,生而威猛,无意于王位,越东海来游潜心悟道。他得到仙人的指引,来到一处"气吞泰华银河近,势压岷峨玉叠高"的仙境,便留在这里,潜心修炼,历经四十二年终于得道成仙。而这个净乐国太子即被后人尊称为玄武神,也称真武大帝,是道教尊奉的主神。真武大帝修仙得道的故事传唱开来,而他潜心修道的"仙境"也因"只有玄武才可以当之"的意思而得名武当山。

武当山位于湖北省西北部的十堰市丹江口市境内,是联合国公布的世界文化遗产地之一,是中国国家重点风景名胜区,同时也是道教名山和武当拳的发源地。武当山道教文化在明代发展达到顶峰,其庞大的建筑群分布在武当山长达一百多公里的古神道沿线上,建筑面积达一百六十余万平方米,建有宫观殿宇两万余间。这些建筑群无论是从其建筑规模的宏伟、工程的浩大以及工艺的精美和丰富上来说,都堪称世界古代建筑史上的奇迹。

武当美景

> 七十二峰接天青,二十四涧水长鸣。
> 三十六岩多隐士,葬在吾山骨也青。

这首诗是武当修道者用道教理论来描述武当山峰高壑深、岩洞幽邃、林木茂密、泉甘土肥的自然风貌的。按照古人的观念,天圆地方,而方圆之周径比约为三比四,故天三地四被看作是天地数,而它们的公倍数"七十二""三十六""二十四"等便成了颇具神秘色彩的数字。这些数字不仅是象征天地及其交感之道的神秘符号,也是人类欲与天地合德、与天地同化的一种媒介物,因此,"七十二峰""三十六岩""二十四涧"并不是单纯指武当山山峰、岩壁、溪涧的数量,而是武当山至大至极、至善至美的象征,寄托着古人希望借此天地玄数祈求天地交泰、天人合一的愿望。

武当山主峰天柱峰海拔1612.1米,气势恢宏,高于周围诸峰至少一百多米,群峰环绕主峰,高度逐层降低,峰峰俯身颔首朝向主峰。从天柱峰的金顶俯视周围低山群和江汉平原,便有一种"千峰并让一峰尊"或"绝顶遥览万里空"的感受,这种奇特的山岳排列被称作"七十二峰朝大顶",是武当山独有的壮观景象。

宋代王象之的《舆地纪胜》引《武当山记》云"山有三十六岩",这清奇幽静的"三十六岩"多位于武当半山腰中,虚寂当阳,幽静可居,成为了古代修仙道士避开尘世纷扰的隐居之所。三十六岩之名,多与古代隐士及道教传说有关。这些岩石的命名使玄帝修真的神话与清幽的自然景观紧密结合,既宣扬了道教神仙的信仰,又增添了自然景观的神秘感。

武当山天柱峰周围,山高谷深,溪涧纵横。整个武当山区雨量充沛,河流众多,但由于谷狭坡陡,大部分河流的流量都有明显的季节性变化的特点:夏秋季暴雨时,河水猛涨,激流奔突,雨后则洪水骤退;冬春二季水流清浅舒缓,澄溪鱼翔,沙石清奇。一般而言,武当山的水景不是一年四季皆可观赏的,古代文人冬春季节游武当,看不到好的水景,就评价说"水短山长";而夏秋季节游武当,恰逢雨后二三天,既可见"急淙瀑布千丈""飞流缥碧可爱",又可观山涧急流,"轰雷叠雪",就评价说"生平观水石之变无过于此者"。故对武当山水景点的评价,因游人到来的季节不同、走的路线不同,评语也大相径庭。但总的说来,在植被茂密的时代,武当山水景观十分丰富,所谓"独听流泉过石渠""海棠花落水流红"等诗句,就为"二十四涧水长鸣"作了很好的注解。

武当恢弘建筑群

公元1398年,明朝的开国皇帝朱元璋驾崩,皇太孙朱允炆继帝位为建文帝,为巩固皇权,建文帝决定削除燕王朱棣势力。朱棣得到消息后,起兵反抗,挥师南下。公元1402年,朱棣率军攻入南京,即位称明太宗,嘉靖时期改为明成祖,年号永乐。燕王进京后,建文帝朱允炆在一场弥漫宫中的大火里下落不明,或说于宫中自焚,或说由地道逃去,隐于云贵一

明成祖朱棣

带为僧,成为历史上永远的悬疑,这就是中国历史上著名的靖难之役。

　　成功夺取了皇位的朱棣深知自己的行为名不正言不顺,严重违背了封建伦理,给政权的稳固埋下了隐患。如何使群臣归心、江山永固让他反复思索,后来他终于想到以君权神授之名,借真武大帝得道成仙的传说,发布圣旨昭告天下:顺应真武大帝的旨意,也归功于真武大帝的保佑,他才得以登基为帝,为酬谢真武、报答神恩,当振兴真武大帝道场,大修武当仙山。

　　朱棣为了表示对真武奉祀的诚心,命工部侍郎郭琎、隆平候张信和验马都尉沐昕等督役三十万余民丁进驻武当山,从永乐十一年(1413)到永乐十六年(1418),朱棣先后费时五年,按照玄武修仙的传说布局整个工程,拉开了修建这座浩瀚建筑群的序幕。永乐年间修建的道教建筑群包括太和宫、紫霄宫、南岩宫、五龙宫、玉虚宫、遇真宫、净乐宫、复真观、元和观和后来建的迎恩宫等八宫二观,还建有三十六庵堂、七十二岩庙、十二亭和三十九座桥梁等。现在保存比较好的宫观主要是金殿、太和宫、紫霄宫、南岩宫、遇真宫、五龙宫、玉虚宫和复真、元和二观及磨针井、玄武门等。

　　金殿是铜铸建筑,又因其耸立于天柱峰顶,又称为金顶。按照朱棣的要求,金殿的建筑完全按照北京紫禁城的规格进行修建,采用了古代建筑中皇帝才可以使用的最高等级。殿内供奉披发跣足的"真武大帝"铜铸鎏金像,造型丰润端庄。两旁侍立有金童玉女、水火二将的铜像,形象生动,姿态各异。其香案、供桌供器均为铜铸金饰,焜煌一色殿。殿外山风呼啸,殿内却密不透风,燃烧的长明灯也平静而安详,一丝不摇。

　　紫霄宫建于永乐十一年,背负展旗峰,崔嵬岸耸,高出诸宫,是武当山保存比较完整的古建筑之一。紫霄宫紫霄殿宏丽庄重,殿脊饰有琉璃瓦禽兽,造型生动。从正殿前至崇台、碑亭、宫门有石阶数百级,遥望全宫,崇台迭起,金碧辉煌。殿内供奉的玉皇、灵官诸象,神态端庄、风格古朴。殿外有宽阔的平台,雕栏围绕。殿后有父母殿,两侧为东、西宫。附近还有赐剑台、禹迹池、禹迹桥等名胜。宫后有太子岩,位于展旗峰半山岙中,是一天然洞穴。这里松杉参天,青阴婆娑,泉水激石,潨潨作响,相传为七十二福地之一。太子岩洞内有元代建的小石殿,殿中有泥塑的太子童年塑像。洞前有石栏回折,洞下有红墙屹立于半山。殿旁有元世祖至元二十七年(1290)镌刻的"太子岩"石碑,是研究武当道教宫观历史的重要文献。

武当之"道"

武当山是道士们断绝俗缘世虑,修真炼性所崇尚和追求的虚消环境。在中国诸多宗教信仰中,唯有道教是"土生土长"的本土宗教,它与佛学和儒学三足鼎立,几千年来深刻地影响着中国人的生存理念。道家学派创始人老子赋予了"道"深刻的内涵,即"道"如同天地的母亲、世界的本源,它空虚无形、独立存在,

真武大帝鎏金座像

却运转不止,永不改变,是天地万物发展变化的自然法则,只有遵循自然即遵循"道"的轨迹,万物才能完美和谐。以道为

信仰,融合多种华夏文化便产生了道教。

在道教几千年的发展传承历史中,留下了众多传经布道的场所,而武当山是其中最为著名的皇家道场,更是我国唯一一座纯粹的道教名山,被赞为"举世无双圣境,天下第一仙山"。在中国道教史中有着突出影响的一些真人高道都曾在武当山修炼过,如三国时期的诸葛亮、刘虬、谢允等相传都曾到武当山修道,唐朝统治者自称是老子的后裔,扶持尊崇道教,李世民命人奉旨敕建云龙祠,首开武当山敕建祠庙之先河。著名的"药王"孙思邈、"八仙之一"吕洞宾均在武当山修道,吕洞宾的诗文《题太和山》仍留在武当山南岩宫中。武当道教在中国道教的地位至高无上,它是中国道教文化中的一朵奇葩,始终贯穿和体现着中国道教尊道贵德、重人贵生、慈爱宽容、济世度人的精神。

玄武修真

真武大帝得道之前是净乐国的太子,他的母亲净乐国善胜皇后善良淳朴,很得人民的爱戴。相传,善胜皇后食仙桃而孕,怀胎十四个月,生下男孩,取名玄武。那天空中龙飞凤舞,百花盛开,山欢水笑,举国都在欢庆太子的降生。

玄武聪明过人,饱读群书,过目不忘,还学了一身好武艺,可他不肯继承王位,到处求师学道,想要成仙升天。十五岁时,太子玄武毅然离开了父母,舍弃了皇家生活,孤身一人乘舟渡海,前往武当山修仙。善胜皇后在太子后边追赶他,一直追到武当山的山坡上,眼看玄武就在对面,她就大喊:"儿呀,快回来!"连喊了十八声,下了十八步。太子在对面连应了十八声,却连上了十八步。这个坡就是现在武当山的"太子坡",那上下十八步即现在的上、下十八盘。

玄武登上武当山,得到玉清圣祖紫元君的点拨,住在南岩认真修炼。他从早到晚,静心端坐,任凭鸟儿在头上做窝、生蛋、孵化,也一动不动。身边的荆棘由小长大,通过他的脚板,又沿着脉络,从胸口长出来,开花结果,他依然聚精会神地修道。就这样,他整整在武当山修炼了四十二年。终于修道成功,被玉帝封为亚帝,称真武大帝,并命他坐镇武当,镇守北方,成为道教信奉的北方之神。

武当道教文化中的许多人物、故事和传说都相当生动,其中还有一些被搬上了电影、电视和文学作品,并广为传播。武当山供奉的主神——真武大帝修仙得道的故事在众多的香客口中传唱;令武当山名扬天下的一代武学宗师张三丰所创立的武当派,不仅使武当山与嵩山少林寺齐名,而且吸引了众多的海内外人士前来武当山学习武当武术。

武当祖师张三丰

武当祖师张三丰是一个家喻户晓的人物,也是一个具有传奇色彩的道士,他自创的武当拳、太极剑等武术都是中国武林的瑰宝。武当拳又称内家拳,和少林拳为代表的外家拳,并称为中国拳术的两大派系。

明朝开国皇帝朱元璋曾经多次派人恳请张三丰出山,但他都避而不见。明成祖朱棣夺得皇位后,在修建金殿的同时,也在黄土城为张三丰盖了一座占地五万多平方米的大型宫殿——遇真宫,可见明朝皇室对张三丰的尊重。

自北宋年间,张三丰便在武当山黄土城结庐修道,因常在庐馆中会见各路神仙,所以人称其庐为"会仙馆"。有一次,张三丰在会仙馆苦修,偶然见窗外桂花树上有一条蛇正与一只喜鹊对峙:蛇从树洞里伸出头来,两眼死盯着喜鹊,身体左右摆动,灵活自如,随时准备向喜鹊发起攻击;喜鹊则用两只爪子紧抓树枝,机警地拍打着双翅,不慌不忙地与蛇周旋。一时间它们谁也不肯主动出击,却又都掌握着攻击的主动权。张三丰见此,顿时悟出了"以柔克刚、后发制人,辨位于尺寸毫厘,制敌于擒扑封闭"的道理,并借鉴蛇和喜鹊的攻防动作,创立了绵里藏针、以柔克刚、以静制动的武当拳。后来又演化出太极剑等功法,并形成了与少林齐名的武当派,即所谓的"北宗少林,南尊武当"。

张三丰是中原武林德高望重的大师,也是传承道教文化的重要人物。他所著的《大道论》继承并发展了儒释道三教合一的思想,以道教为体,以儒释为用,用道教的思想来解释儒家和佛教学说。张三丰认为三教各有各的妙处,但其最高原则"道"是一致的,即所谓:"理综三教,并知三教之同此一道也。儒离此道不成儒,佛离此道不成佛,仙离此道不成仙。"他说儒家行道是济世,佛教是悟道觉世,仙家则是藏道度人,故"三教圣人皆本此道以立其教也"。他认为道德忠孝源于天理性命,是修道的根本。《大道论》中曰:"孔曰求志,孟曰尚志,问何为志?曰仁义而已矣。"他说仁义用道教来讲,就是"仁属木,木中藏火","义属金,金中生水";而道教的汞铅即是仁义的种子,故"尝隐居求志,高其志,而后汞铅生,丹遂凝志。包仁义汞铅,而兼金木水火之四象……意土合而五行全,大道之事备矣"。所以,不论道教、儒教、还是佛教,只要"素行阴德,仁慈悲悯忠孝信诚","外尽伦常","内尽慎独",就可以全于人道,自然于仙道也不远了。

张三丰著《大道论》以无极、太极、阴阳五行的宇宙生成论比附于人之生育,从宇宙生成之源探索人生命的奥秘;他强调忠孝伦理实践,调和入世出世,以及三教合一的思想,都得到广泛传播,受到百姓和统治者的普遍认可;他创立的以柔克刚、以静制动的武当道教武术对中国人心性修养影响深远,时至今日仍然为国内外武术爱好者所学习和推崇。

　　在中国民间,人们通过道教的种种仪式,表达福禄寿财等与现实息息相关的欲望,也得到心理上的满足与慰藉。然而,修道者千千万万,得道者难见一二,在武当山得道成仙后的玄武镇守神州北方,得到信徒的长期朝拜。按照五行学说,北方属水,因此真武大帝玄武又被称为水神,在道教神灵体系中,地位非同一般。玄武修真的传说是武当道教产生的根源,真武被人格化的一个典型情节是"铁杵磨针",如果耐不住深山老林中的寂寞和风餐露宿,就会功亏一篑。玄武崇拜既有民间基础又有皇室推荐原因,是武当道教发展和传承的文化根基,使得武当山成为中华道教文化遗产的精华。

梵乐盛世　洛阳

洛阳古称雒阳、豫州，位于河南西部、黄河中游，它有着五千多年文明史、四千年的建城史和一千五百多年的建都史，是中国历史上建都最早、朝代最多、历时最长、跨度最大的城市。中国古代帝喾、唐尧、虞舜、夏禹等神话，多传于此，帝喾都亳邑，夏太康迁都斟鄩，商汤定都西亳；武王伐纣，八百诸侯会孟津；周公辅政，迁九鼎于洛邑，平王东迁，高祖都洛，光武中兴，魏晋相禅，孝文改制，隋唐盛世，后梁唐晋，十三个王朝相因沿袭。这里先后有105位帝王定鼎九州，"花中之王"牡丹因洛阳而闻名于世，因此洛阳有"千年帝都，牡丹花城"之称，与西安、南京、北京并列为中国四大古都。

以洛阳为中心的河洛文化是中华文化的源头之一，是指发源于河洛地区的区域性文化。根据《史记·周本记》的记载，河洛地区是指以南为外方山、伏牛山山脉，北为黄河，西为秦岭与关中平原，东为豫东大平原，北通幽燕，南达江淮的地区，在古代雄踞于中原，为"天下之中"，这也是"中国"这个称呼最早的来源。由于洛阳在我国历史上有十三朝古都的历史地位，所以自夏代开始，河洛文化也成为我国古代历史上久负盛名的京都文化、王畿文化的代名词，是中国五千年文明史的源泉与主脉。"河图"与"洛书"是河洛文化的标志，均诞生于洛阳，因此，洛阳被看作是华夏文明的发源地之一、中华民族的发祥地之一。

豫 州

河图与洛书的传说

伏羲氏继天而王,巡视黄河中游,至河水与洛水交汇的洛阳一带,黄河水中跃出一匹龙头马身的神物,身上有一组如八卦形状的数字,符号数字排列成一六居下,二七居上,三八居左,四九居右,五十居中的图案,这就是河图。伏羲受此图案的启发,画出了八卦。后来周文王在八卦的基础上推演出了六十四卦,以卦象的变化象征天地万物的变化,就是今天所见到的《周易》。作为五经之首、代表中华民族先贤智慧的《周易》既然发源于龙马所献之河图,河图理所当然也就成为人们心目中文化的源头和标志,而河图所出的流域"河洛"一带自然就是文明的发源地了。

大禹治水到洛水时,有个神龟从洛水里爬出,背上有从一到九的符号数目,符号数目排列成戴九履一,左三右七,二四为肩,六八为足,五居中央的图案,这就是洛书。大禹受此图案的启发,依照洛书制定出治理天下的九章大法,这就是今天五经之一《尚书》中的《洪范》篇,它标志着最早的治国纲领性文献的诞生。因此,洛书被视为河洛文化起源的又一标志。

"洛阳花"

洛阳自古为牡丹之乡,至今仍是最为重要的欣赏牡丹风景的名胜古城。牡丹又被称为"洛阳花",雍容华贵、国色天香。"花开花落二十日,一城之人皆若狂"、"洛阳地脉花最宜,牡丹尤为天下奇",这些充满感情的诗句,寄托了人们对洛阳牡丹的最爱,对"都言洛阳花似锦"的盛况的向往。

秦朝以前,人们不区分芍药和牡丹,直至秦汉之际的典籍中才真正出现"牡丹"的称呼。若从《诗经》《山海经》中对芍药的记载算起,中国人关注牡丹已有三千年的历史了。那时,古人的描述还仅限于野生品种。《诗经·溱洧》中有一段诗:"维士与女,伊其相谑,赠之以芍药。"大意是,青年男女在河畔游戏,在野地里拾芍药或是牡丹送与对方,表示惜别之情。由此可以看出两千年前,牡丹和芍药已经与玫瑰一样被当作爱情信物了。

周敦颐《爱莲说》有"牡丹,花之富贵者也"之说,意为牡丹雍容华贵,艳极无双。当代学者认为,古人认为牡丹是花中富贵者,是因为没有雄厚的物质基础,种植牡丹不仅经济上力不从心,同时也是对牡丹的辱没。他们认为牡丹是"管弦围簇天生贵",须"障行施烂锦,屋贮用黄金"。且牡丹娇弱多病,畏寒惧湿,人工培植变异性大,培植新品需要相当精力与技术的投入。这种苛刻的要求一般人家难以达到,唯有豪门大族、文士名流方有闲情逸趣倾情养护,这就决定了牡丹文化中的富贵奢华的本质特点,唯有极度"奢华铺张"方可尽显牡丹尊贵本质。

洛阳牡丹的流行始于东晋,盛于唐,"甲天下"于宋,成为洛阳社会发展的"晴雨表"。自大唐牡丹兴起之初,洛阳已与牡丹结下不解之缘。到了北宋,洛阳牡丹更是盛极一时,无论种植规模、盛况持续时间还是社会影响都是其他牡丹景点不可比拟的,于是出现了"洛阳牡丹甲天下"之说。

李白沉香亭咏牡丹

李白在沉香亭前乘醉赋诗的故事,使他的《清平调》三章染上了一层奇丽的浪漫色彩而特别著名。

唐玄宗极宠杨贵妃,阳春三月,陪杨贵妃赏牡丹,名花国色在身旁,唐玄宗自然心情大好,龙颜大悦。以擅长唱歌著名的乐师李龟年手执檀板,准备在众乐工的伴奏下唱歌助兴。玄宗却说:"今天赏名花,对妃子,怎么可以再唱旧词呢?"命李龟年捧着金花笺去宣召翰林学士李白前来赋写赏花的新诗。正巧李白和几个文人畅饮,喝得酩酊大醉,被李龟年抬到宫中还是不醒,唐玄宗见李白烂醉如泥,便叫侍臣挽到玉床休息,还亲自给他拭去嘴边流出来的口涎,吩咐端来醒酒汤,杨贵妃叫人用冷水喷面解酒。等他醒来后,玄宗又亲调醒酒汤,让他喝完以后,才命他吟咏赏花新诗。李白却还要求喝酒,说他越醉越能写出好诗来。玄宗只得命人斟酒,李白开怀畅饮,诗兴大发,大笔一挥,已是佳词三首:

《清平调》三首

云想衣裳花想容,春风拂槛露华浓。
若非群玉山头见,会向瑶台月下逢。

一枝红艳露凝香,云雨巫山枉断肠。
借问汉宫谁得似?可怜飞燕倚新妆。

名花倾国两相欢,长得君王带笑看。
解释春风无限恨,沉香亭北倚阑干。

"洛阳地脉花最宜,牡丹尤为天下奇",洛阳牡丹身价百倍,超越群花,是为"花王",深得宫廷豪门、文人名士的追捧与歌咏。文人雅士吟诵牡丹,赋予它丰富的人格色彩和文化意蕴,是牡丹审美文化得以发展的主要因素。

唐代诗人刘禹锡写诗赞赏牡丹说:

庭前芍药妖无格,池上芙蕖净少情。
唯有牡丹真国色,花开时节动京城。

这首《赏牡丹》脍炙人口,把牡丹的国色天香和人们在洛阳欣赏牡丹的盛况尽收笔下。

《洛阳伽蓝记》

《洛阳伽蓝记》简称《伽蓝记》,汉族佛教史籍。"伽蓝"一词,即梵语"僧伽蓝摩"之略称,意为"众园"或"僧院",是佛寺的统称。此史籍系东魏抚军司马杨衒之所撰,此书运用骈散相间的散文体式,综合使用多种修辞手法,语言秾丽而又秀逸,成功地将北地的清刚与南朝的绮丽完美地结合起来,遂使《洛阳伽蓝记》成为北朝文学桂冠上的一颗璀璨明珠。它不仅是一部文学作品,也是一部地理著作,还是一部洛阳的社会生活史。

《洛阳伽蓝记》与《水经注》、《颜氏家训》三部作品并称为"北朝三书",代表了北朝散文的最高成就,其语言骈散相间,极富变化,全书于整饬中见参差之美,意至笔随,曲尽其妙,不拘一格,贴切自然。明代毛晋赞美《洛阳伽蓝记》说:"妙笔葩芬,奇思清峙,虽卫叔宝之风神,王夷甫之姿态,未足以方之矣。"《四库总目提要》评《洛阳伽蓝记》云:"其文秾丽秀逸,烦而不厌,可与郦道元《水经注》肩随。"钱钟书先生《管锥篇》谓其"雍容自在,举体朗润",袁行霈《中国文学史》以"旷世杰作"誉《洛阳伽蓝记》,说明了《洛阳伽蓝记》在北朝文学史上的重要地位。

《洛阳伽蓝记》以北魏都城洛阳佛寺兴废为题,记述了北魏定都洛阳期间的政治、人物、风俗、掌故传闻及北魏和西域文化的交流等。《洛阳伽蓝记》在记录北魏洛阳寺院的盛况时,还叙述了中外佛教文化的交流,以及所交往各国的社会政治、风土人情、物产出品等。比如,《永宁寺》中就曾提到后来被尊为中国禅宗始祖的波斯国菩提达摩曾经到过洛阳;《洛阳伽蓝记》卷四载,中国的佛教信徒游行最远西至罗马帝国,南至今天的马来半岛,"西域远者,乃至大秦国,尽天地之西垂。耕耘绩纺,百姓野居,邑屋相望;衣服车马,拟仪中国",扶南国"出明珠金玉及水精珍异,饶槟榔"等。

北魏佛教的发展,不仅吸引外国佛徒东来洛阳传教,也引起了中土僧侣西行求法的愿望。卷五中的《闻义里》就是一篇专门记载沙门惠生与敦煌人宋云往西域求取佛经的文章。惠生、宋云等人西行求法是继东晋法显西行之后,唐玄奘取经之前,是中外佛教文化交流的又一壮举。惠生等人带回大乘经典一百多部,皆流传于中土。《洛阳伽蓝记》就是根据惠生所著《行记》、宋云所著《家记》和《道荣传》为蓝本,完整地描述了惠生等人在西域各国的游历见闻,鉴于上述三书现已遗失,《洛阳伽蓝记》中保存的资料片断更显得弥足珍贵。

白马寺

出洛阳东行 12 公里,有一座佛教名刹,这就是被称作"中国第一古刹"的洛阳白马寺。它是中国第一古刹、世界著名伽蓝,被中外佛教界誉为"释源""祖庭",享有多个"第一"的地位:中国第一座汉传佛教寺庙、第一座官办寺院、第一座菩提道场。

很多学者认为白马寺的建成标志着佛教在我国传播的起点,"汉明感梦求法"被普遍认为是佛教与中国的渊源之始。相传汉明帝刘庄夜寝南宫,梦金人身长丈六,顶有白光,飞绕殿庭,次日得知所梦为佛。于是,明帝遣使臣蔡愔、秦景等前往天竺寻求佛法。蔡、秦等人在大月氏(今在阿富汗境内)遇上了在该地游化宣教的天竺高僧迦叶摩腾、竺法兰,于是邀请二位到中国宣讲佛法,并用白马驮载佛经、佛像,跋山涉水,于永平十年(公元 67 年)来到京城洛阳。永平十一年,明帝敕令在首都洛阳雍门外建造僧院,用以给二位外来高僧译经布道、安置名僧、储藏经像,是为白马寺。据《洛阳伽蓝记》记载,"时白马负经而来,因以为名",还说"白马寺,汉明帝所立也,佛入中国之始"。宋代高承《事物纪原》中亦载"汉明帝时,自西域以白马驮经而来,初止鸿胪寺,遂取寺名,置白马寺,即僧寺之始也"。因此,作为佛教传入中国后兴建的第一座寺院,白马寺有中国佛教的"祖庭"和"释源"之称。

     明月见古寺,林外登高楼。
     南风长开廊,夏日凉如秋。

洛阳白马寺

这是唐代诗人王昌龄对白马寺的描述。白马寺风格古朴,规模极为雄伟,寺内宝塔高耸,殿阁峥嵘,长林古木,肃然幽静。现存的五重大殿坐落在一条笔直的中轴线上,两旁偏殿则互相对称。五重大殿由南向北依次为天王殿、大佛殿、大雄宝殿、接引殿和毗卢殿。殿前为明代所建山门,佛教称之为涅槃门。山门外,宋代雕刻的两匹石马相对而立。山门内,东西两侧有迦叶摩腾和竺法兰二僧墓,并各有一石碑:西侧为宋苏易简《重修西京白马寺记》石碑,人称"断文碑";东侧为元赵孟頫《洛京白马寺祖庭记》石碑,人称"赵碑"。天王殿系元代建筑,正中置木雕佛龛,龛内供置弥勒佛,赤脚跌坐,笑口常开,形象生动有趣。天王殿后为大佛殿,殿内一钟,据传此钟与唐代洛阳城内钟楼上的大钟遥相呼应,清晨寺僧焚香诵经撞钟报时,洛阳城内的钟声回响。大佛殿之后是大雄宝殿,殿内贴金雕花的大佛龛,内塑三世佛,其后有接引殿,是寺内最小建筑,内供西方三圣。毗卢殿在清凉台上,清凉台为迦叶摩腾、竺法兰翻译佛经之处。阁内正中供奉一尊毗卢佛像,左立文殊,右立普贤,这一佛两菩萨,在佛教中合称"华严三圣"。阁后壁镶有石碑,上刻《四十二章经》。东西厢房左右对称分布于五大殿两侧。整个建筑宏伟肃穆,布局严整。

《洛阳伽蓝记》中有"白马甜榴,一实值牛"的记载,"白马"指白马寺,"甜榴"指的是石榴。石榴原产于安息(今伊朗高原古代国家),在汉代同佛经、佛像一起传入中国,并多在洛阳、长安落户。白马寺中种有许多石榴树,汉代人们赞美石榴,把它作为中外人民交往的标志。

牡丹花是富贵的象征,"都言洛阳花似锦"是洛阳城盛极一时的间接描述,然而,流云过处,时光不驻,邙山洛水边的洛阳城内,"洛阳春日最繁花,红绿荫中十万家"的情景难再现。千载悠悠,牡丹兀自花开,白马寺古刹依旧,人们便在这佛香氤氲里看花开花落,晨钟暮鼓里观盛世繁华,西天梵唱中听乱世凋零……一尊卢舍那、一座洛阳城相顾无言,却道尽了古今兴废事。

佛光普照　龙门石窟

唐贞观23年(公元680年),武则天25岁,时为昭仪,有人传说卢舍那是唐高宗为武则天献礼而专门开凿的,佛像一凿就是25年,此时的武则天已是80岁的则天皇后了。唐高宗上元二年(公元675年)的一天,奉先寺石窟竣工,主持竣工仪式的是当时大唐帝国的皇后武则天。站在佛前的武则天双手合十,与大佛对视着。在她的注视下,卢舍那大佛第一次向世人展露出她慈悲的笑容。这一天对龙门来说,是颇具荣耀的一天,对中国历史来说,是要被载入史册的一天。

龙门位于洛阳南郊12公里处,因这里龙门山和香山两山对峙,伊水中流,远望形似一座天然的门阙而得名龙门。龙门是历代统治阶级发愿造像最集中的地方,多数造像的兴废变迁都与当时的政治形势密不可分。龙门开凿石窟的时间历经北魏、东西魏、北周、北齐、隋、唐共六个朝代达四百余年,形成了大大小小的窟龛两千三百多个,状若蜂巢一般布满在东西两山绵延长达一公里的峭壁上。龙门石窟现存佛像十万余尊、题记碑刻两千六百余品、佛塔七十余座,工程浩大,气势恢宏,令人叹为观止。从皇亲国戚、权贵大臣、地方官员、比丘、比丘尼,到平民百姓,都是开凿这些窟龛的造像主,正是他们创造了辉煌灿烂的龙门石窟艺术。

缔造者孝文帝

公元493年9月,统一了中国北方的北魏政权,在孝文帝拓跋宏的带领下,进行了一系列的改革,史称"孝文帝改革"。

他颁布法令,讲汉语、穿汉服、改汉姓,他本人也舍弃了祖宗的拓跋姓,改姓元。一个由少数民族建立的政权,要想得到广大汉族同胞的认同,只有俯下身段,虚心学习先进的农耕文明,才能建立和维护自己的统治秩序。可这却触动了鲜卑贵族们的利益,迁都半年后,一场反对改革、反对汉化的武装叛乱便从贵族阶层发生了,阴谋逃回旧都平成复辟的太子元恂被元宏处死。这位北魏的中兴之帝,用强硬甚至残酷的武力,镇压了鲜卑贵族们对汉化的抵触,经历了长久的斗争,终于消灭了保守势力,汉化改革得以继续实施。

古阳洞是龙门石窟造像群中开凿最早、佛教内容最丰富、书法艺术最高的一个洞窟。古阳洞是孝文帝为去世三年的祖母冯太后营造的功德窟,他从小由汉人冯太后抚养长大,"孝文帝改革"也是在冯太后辅作并极力支持下才得以进行的,这个规模宏伟、气势壮观的石窟寄托着孝文帝深深的追思和哀痛。

同时,古阳洞也是北魏皇室贵族发愿造像最集中的地方。这些达官贵人不惜花费巨资,开凿窟龛,以求广植功德,祈福免灾,而且留下了书法珍品——"龙门二十品"。"龙门二十品"指的是从北魏时期精选出的二十块造像题记,它们记载着佛龛的雕凿时间、人物、目的等。其的特点是:字型端正大方,气势刚健质朴,结体、用笔在汉隶和唐楷之间。清代学者康有为曾大力提倡整个社会书写要用魏碑体,现在,龙门二十品以它无穷的艺术魅力,吸引着无数的海内外书法爱好者,漂洋过海,为的是能够亲眼目睹这一书法奇珍。

可以说是孝文帝元宏和北魏政权,带着鲜卑民族的箭和马从平成到洛阳一路呼啸而来,大刀阔斧地进行改革,将中国历史推入隋唐盛世,开启了龙门石窟四百年的建造史。

"卢舍那"与武则天

公元675年,龙门石窟最大的佛像卢舍那大佛落成竣工。这座大佛位于奉先寺石窟的正中,身高17.14米,头高4米,耳朵长1.9米,造型丰满,仪表堂皇,给人一种庄严典雅、宁静肃穆之感。大佛面形丰肥,两耳下垂,形态圆满、安详、温存、亲切,具有高度的艺术感染力,伫立在大佛脚下,无论身处哪个角度,都感觉在被她的目光笼罩着,充分体现了唐代佛像艺术特点,堪称精美绝伦的艺术杰作。据佛经记载,卢舍那被认为是佛陀的报身,梵语"卢舍那"即光明遍照、光辉普遍之意。

在龙门,流传着卢舍那大佛的面相是以武则天为原型刻画而成的传说。作为第一位坐在龙椅上的女性,武则天要建立自己的政权,就要树立自己君权神授的神秘色彩,才能得到民众的支持。于是,武则天给自己起名"武曌","曌"字的字面意为日月当空,与梵语"卢舍那"的光明遍照之意如出一辙。公元656年以后,唐高宗李治的身体越来越虚弱,国家大事都由武则天代理,其威势甚至超过了唐高宗,当时并称为"二圣",武则天手握国家大权,深受拥戴。

卢舍那大佛是佛教造像中国化的体现,是我国佛教造像史的巅峰。自唐代以后,佛教造像逐渐漠落,很难看到这样的优秀作品了,但大唐的遗风仍然使我们感到自豪和骄傲,因此卢舍那大佛为人类留下了大唐文化的精粹。

公元688年6月,有人在河南汜水里打捞起一块刻有《大云经》的石刻,上面的文字称武则天为弥勒托世,当贵为天子。此时的唐高宗已经驾崩,大臣们隐隐感觉到皇后有称帝的愿望,有的认同武则天的胆识和谋略,认为她可以带领大唐王朝创造辉煌,也有人认为此举违背了天地阴阳之道,坏了祖宗的规矩,因此官员们之间的分歧也与日俱增。

按照佛教的说法,弥勒将取代释迦牟尼,成为下一个宇宙大轮回的主宰,即未来佛。事实上,从唐高宗中期开始,龙门石窟已经开始出现众多弥勒像,而北魏时期多为男性的菩萨也变成了女性,她们丰腴健美,很多都是以当时的歌姬和宫廷艺人为模特雕刻的,男女众生一切平等,菩萨未来必将成佛,武则天苦心经营的这些偶像供人膜拜,其内心的真实想法早已昭然若揭。

武则天像

公元690年,在6万人上表的请求下,武则天登上了皇位,千百年来只有男人坐过的龙椅,第一次坐上了一个女人,接受文武百官的朝拜。武则天登基后还多次为自己加封与佛教有关的尊号。长寿二年(693)九月,加号"金轮圣神皇帝";延载元年(694)五月,加号"越古金轮圣神皇帝";证圣元年(695)一月,加号"慈氏越古金轮圣神皇帝","慈氏"即指弥勒;九月加号"天册金轮圣神皇帝"。武则天如此不断加封自己金轮圣王的称号,鲜明地凸显出佛教信仰在其政治生涯中富有特殊之功用。

万佛洞与看经寺

万佛洞因洞内南北两侧雕有整齐排列的一万五千尊小佛而得名。洞窟呈前后室结构,前室造二力士、二狮子,后室造一佛二弟子二菩萨二天王,是龙门石窟造像组合最完整的洞窟。窟顶有一朵精美的莲花,环绕莲花周围的为一则碑刻题记:"大唐永隆元年十一月三十日成,大监姚神表,内道场智运禅师,一万五千尊像一龛。"它说明了该洞窟是在宫中二品女官姚神表和内道场智运禅师的主持下开凿的,完工于唐高宗永隆元年即公元680年。

万佛洞内主佛为阿弥陀佛,端坐于双层莲花座上,面相丰满圆润,两肩宽厚,简洁流畅的衣纹运用了唐代浑圆刀的雕刻手法。主佛的束腰部位雕刻了四位金刚力士,他们的肌肉富于动态,其奋力向上的雄姿与主佛的沉稳形成了鲜明的对比,也更加衬托出主佛的安详。主佛背后还有五十二朵莲花,每朵莲花上都端坐有一位供养菩萨,她们或坐或侧,或手持莲花,或窃窃私语,神情各异,像是不同少女的群体像。在窟顶碑刻题记的外侧,是姿态妩媚的飞天,这些飞天手捧供果,凌空翱翔;在每侧墙壁下部,各有六位伎乐人,手持箜篌、法锣、羯鼓等乐器专心演奏;南北两侧雕刻的一万五千尊小佛,与飞天、伎乐人上下呼应,共同营造出西天极乐世界里万人成佛的诱人场景。

看经寺也为武则天时期所雕刻,是龙门东山最大的一个洞窟,双室结构,前室崖壁有数十个小龛造像,主室进深1170厘米,宽1116厘米,高825厘米,平顶,方形平面,四壁垂直,三壁下部雕出高均180厘米的传法罗汉二十九祖(正壁11身,两壁各9身),为我国唐代最精美的罗汉群像,是根据隋代费长房《历代法宝记》刊刻的。与其他石窟相比,看经寺最大的不同是该窟正壁上没有主像,而是在洞窟地面的中央建坛,上面安置佛像供人参拜。据考证,看经寺为禅宗(禅宗又名佛心宗,是中国特色的本土佛教,禅宗的崛起标志着佛教中国化迈出了关键性的一步,从此佛教融入中国,与儒教道教相辅相成,成为中国文化不可分割的一部分)开凿,洞窟造型模仿禅宗僧人打坐礼佛的禅堂,二十九尊罗汉恰好与禅宗二十九祖相吻合,每尊罗汉像神态各异,栩栩如生,见证了禅宗在唐代走向辉煌的历程。

豫　州

　　孝文帝元宏建古阳洞以寄托他对祖母冯太后深深的追思和哀痛,又在冯太后的陵墓旁,为自己营造了寿宫,准备死后相依相伴。女皇武则天资建卢舍那大佛以完成自己的宏愿,她病逝后,与她早逝的丈夫唐高宗合葬于乾陵。华严经上说"情与无情,同圆种智",都说佛了却情愫,没有了俗世的情感,然而信佛、建佛的人却如此有情有义,不禁让人慨然。龙门石窟的十万余尊造像,是多少人的心愿,又是多少人的思念,我们无从得知,或许只有佛有答案。

三教合流　登封

登封市位于河南省中西部，中岳嵩山南麓，是中国第一个朝代夏王朝的都城，旧址位于今天登封县告成镇。"登封""告成"因公元696年武则天"登"嵩山，"封"中岳，大功"告成"而得名，改嵩阳县为登封县，改阳城县为告成县，金代将两县合并为登封县。

登封古迹众多，是儒释道共处的圣地，也是三教合流体现最为完美的地方。嵩阳书院是中国四大书院之一，北宋鸿儒程颢、程颐兄弟讲学之所，是宋明理学的发源地之一，代表儒家文化；千年古刹少林寺是佛教禅宗祖庭，名扬天下，代表佛家文化；中岳庙作为五岳中保存得最好、面积最大的道观，则代表道家文化。嵩山少林寺钟鼓楼前的《混元三教九流图赞》碑即是三教一体、相互取法又各具特点的又一个证明，碑上的图从正面看过去是释迦牟尼，左侧头戴方巾者为儒教的代表孔子，右侧头后挽个发髻的则是道教的老子。而嵩阳书院的独特发展历程，同样可以作为三教合流的佐证。嵩阳书院的前身是建于公元484年的嵩阳寺，伴随着道教的兴盛，崇尚道教的隋炀帝遂将嵩阳寺改为嵩阳观，成为道教文化发展的重要场所。直到后唐清泰年间，进士庞式与学者舒元、道士杨纳等人开始聚集在嵩阳观读书讲学，嵩阳观遂改名为太乙书院，后改名为嵩阳书院。嵩阳寺、嵩阳观、嵩阳书院的兴替正体现了儒释道三家尔消我长、各领风骚、变动不居的关系。

豫　州

嵩阳书院

嵩阳书院始建于五代后周,因其地处嵩山之阳,故名"嵩阳书院",是我国创建最早、影响最大的书院之一,它与江西庐山的白鹿洞书院、湖南长沙的岳麓书院、河南商丘的睢阳书院(又称应天书院)并称为中国古代四大书院。"嵩少名胜,山抱水环之区,无地不染梵尘",历史上嵩山地区多被佛教的寺庵或道教的观庙所占用,所以儒学先生们所创办的书院,也多由寺观改建而成。起初,嵩山一带书院颇多,如嵩阳书院、少室书院、颍谷书院等,然而由于各种原因,在茫茫的嵩麓,久存至今的仅有嵩阳书院一所。

进入嵩阳书院的大门,正对的就是著名的先圣殿。殿门两旁,列有"至圣无域浑天下,盛极有范垂人间"的门联。殿内中央供奉圣先师孔子站像,左右两侧为颜回、子思、曾子、孟子四大贤人的线刻图像。西墙为孔子弟子七十二贤人传略和十二先哲画像。东山墙有儒学的产生、发展及影响的介绍。春秋时期,孔子首开私人讲学之风,从汉代的"精舍""讲堂",到唐代的书院、五代的学馆,以至后来的宋代书院,逐渐发展成一套严密的教育模式。书院随着朝代更迭、信仰变幻,在历史的潮流中上下沉浮。不论是汉唐以来的儒学衰败,还是五代时期的佛道极盛,大宋王朝的名儒精英在圣学日微之际,决心以捍卫道统自许,重整圣德名教,复兴孔孟之道,造就时代的先哲,于是"拨乱世以反治""希圣希贤"遂成为书院宗旨。

先圣殿是当年学生拜谒儒家始祖孔子的地方。此外,先贤祠是纪念二程和朱熹的场所,诸贤祠是纪念宋代儒家名臣司马光、李纲等人的场所,崇儒祠是纪念对嵩阳书院的兴复和讲学有贡献的儒学大师的场所。按照《祀典》规定,每年于仲春仲秋季节,由书院山长率领全体师生举行祭祀。在先圣殿和先贤祠祭祀时,还要宣读祭告文,表示更崇高的敬意。在培养道德信念的过程中,利用适当的礼节仪式活动,激发学生对理想人物的爱慕敬仰之情,以便在实践中效仿,是一种有效的道德教育形式。嵩阳书院重视道德教育,不仅实施道德讲解,而且借助于优良环境的影响作用,这是嵩阳书院的先进的教学方式的表现。

庆历四年(1044),北宋开始大规模兴办官学,统治者逐渐将官学养士与科举及第结合起来,以培养科举人才为目标的书院丧失了存在的必要,纷纷走向消亡或是被纳入官学,嵩阳书院也逐渐没落。使嵩阳书院走出低谷的是发源于此并影响中国一千多年的理学思想。嵩阳书院经历千年沧桑,无可替代地完成了历史赋予它的使命。在这里,理学不但使儒家经典以伦理化标尺达到了新的高度,而且集儒、道、佛三教精华于一身,承载了厚重的中国历史,撑起了中国传统文化的大厦。

少林寺

少林寺,"少林者少室之林也",坐落于登封市嵩山西麓少室山阴丛林茂密之处,是世界著名的佛教寺院,佛教禅宗祖庭之一,少林武术发源地,号称"天下第一名刹"。少林寺因其历代少林武僧潜心研创和不断发展的少林功夫而名扬天下,有"天下功夫出少林,少林功夫甲天下"之说。

据史书记载:少林寺的第一位住持是印度高僧跋陀,北魏孝文帝元宏太和二十年(496),他从古印度跋涉来到中国,得到虔信佛教的孝文帝的崇拜。跋陀喜欢隐居幽静之处,于是孝文帝就命人在少室山下密林深处为他建了一座寺院,取名少林寺。南朝末年,菩提达摩经过三年海上飘泊来到中国宣传大乘佛教，以五叶芒苇作舟渡江，来到少林寺，创立了禅宗。禅宗不重玄理，而主张坐禅"壁观"，以面壁沉思、屏息众念来领悟禅理，这种简便易行的修习方法自然易于推广，使得后来禅宗成为中国佛教的主流派别，达摩则被中国禅门定为初祖。

嵩山少林寺有一处景观是"达摩面壁洞"，是当年达摩坐禅"壁观"的地点。《五灯会元》记载："达摩寓止嵩山少林寺，面壁而坐，终日默然，人无测之，谓之壁观婆罗门。"九年间，达摩一言不发，乃至出洞时竟在对面的石头上留下了一个自己面壁时的形象，衣裳褶皱，隐约可见，宛如一幅淡色的水墨画。人们把这块石头称为"达摩面壁影石"。少林武功的由来也源于达摩面壁传说，达摩在面壁时由于困倦，而伸展四肢，舒展筋骨，其动作被弟子记录下来后，纷纷效仿，逐渐发展成为武术。

少林寺混元三教九流碑

《混元三教九流图赞》碑刻在登封嵩山少林寺院内，高3.35米，宽1.15米。赞碑的赞文如下：

佛教见性，道教保命。儒教明伦，纲常是正。
农流务本，墨流备世。名流责实，法流辅制。
纵横应对，小说咨询。阴阳顺天，医流原人。
杂流兼通，述而不作。博者难精，精者未博。
日月三光，金玉五谷。心身皮肤，鼻口耳目。
为善殊涂，咸归于治。曲士偏执，党同排异。
毋患多歧，各有所施。要在圆融，一以贯之。
三教一体，九流一源。百家一理，万法一门。

《混元三教九流图赞》，三教，指佛、道、儒三家，九流是中国古代的九种学派，即墨、农、医、名、法、杂、阴阳、纵横、小说，混元是说三教九流融为一体。

赞文之下的混元图更是精妙。这是一幅发人深思的线刻画,从正面整体看,在一个大圆圈内,有一位头顶无发的人物盘膝而坐,即是佛教的创始人释迦牟尼。同是这位人物,若分开来看,则是另外两人的全身侧视像。掩住头和身的左半部,单看右侧,一人头戴儒巾、盘发、系结,屈身站立,乃儒教创始人孔子的侧视像;掩住头和身的右半部,单看左侧,一人发髻带簪,屈身站立,是道教始祖老子的侧视像。三人肌体、衣褶相连,不可分割。同时,这个三体合一的人物,还用手捧着一幅《九流混元图》,像是三位祖师在一同绘制这幅美丽的画卷。

混元三教九流碑

这幅三教九流图,内涵深邃,独具匠心,真正体现了儒、佛、道三家"融为一体"和"九流同归"之意。

由于达摩所传的大乘教对当时流行于中国的小乘教是一种革新,因此斗争激烈。达摩去世后,他的弟子们形成了以慧能为首的南宗和以神秀为首的北宗,南北宗在教义上无多大区别,但在修行上北宗倡导"渐悟",而南宗倡导"顿悟",主张"放下屠刀,立地成佛"。经过十几年的争执,至唐德宗时,南宗终于取代了北宗的势力,此后少林寺一直成为南宗一派的传法道场。后南宗内部又分为曹洞、临济、云门、法眼和沩仰五宗,其中以曹、临二宗影响最大。元初后,少林寺明确以曹洞宗为正宗,一直延续至今。

豫 州

中岳庙

中岳庙,位于河南省登封市嵩山东麓,原名"太室祠",始建于秦(前221—前207年),是我国道教最古老的道观之一。中岳庙作为现存规模最大、级别最高的礼制建筑群,其气势宏伟、规模宏大的建筑装饰承袭着传统的皇家建筑装饰特色,又传递着独特的道教文化,是传统建筑美学、宗教和艺术的物质载体,它集道教宫观建筑装饰艺术之大成,充分体现了中岳庙古建筑的宗教吸引力和艺术魅力。中岳庙建筑装饰不但能体现出"阴阳调和,天人合一"的道家思想,更是道教文化与儒家哲学结合的产物,还蕴涵着宗教、民俗、精神观念等文化内涵,体现出复杂的道教与民间信仰和传统的儒家礼制文化。

此庙坐北朝南,东毗牧子岗,西邻望朝岭,前对玉案山,背靠黄盖峰;自中华门起,经遥参亭、天中阁、配天作镇坊、崇圣门、化三门、峻极门、嵩高峻极坊、中岳大殿、寝殿至御书楼共十一进,长达1.3华里,共有楼、阁、宫、殿、亭、台、廊等各种建筑四百余间,面积十万余平方米。主体建筑中岳大殿,面阔九间,进深五间,气势雄伟,素有"台阁连天,甍瓦映日"之称,是庙内最大的建筑。从建筑整体外形来看,既有皇家宫殿的庄严,也有道教宫观的神圣,又有普通民间传统建筑的古朴;从装饰工艺上来看,几乎集合了常用的各种材料的性能特质,如木雕、石刻、泥塑、彩画等;从装饰内容上看,融礼制文化、宗教文化、民俗文化于一体,既有反映道教的神仙信仰的装饰图案如仙鹤、八卦图等,也有体现儒家文化的梅、兰、竹、菊四君子形象,同时在佛教中寓意坚忍不拔的卷草纹在脊饰等装饰中也有大量的运用。

值得一提的是,儒家思想对中岳庙建筑的影响主要体现在以维护伦理为目的而建立起来的一系列"分尊卑""辨贵贱"的建筑等级秩序模式。这种模式包括建筑的方位布局、分布顺序、体量大小、色彩区分等多种元素，从建筑整体到建筑局部构件以及装饰等各个方面，都呈现出伦理文化中"上下有序"和"尊卑有礼"的严谨性和秩序性。儒家提倡以中为贵，《荀子·大略篇》中就有"王者必居天下之中"的说法。中岳庙建筑从整体到个体的选址，再到建筑形制布局，"居中"思想都有所体现。

　　道教活动历史久远，中岳庙是道教在中原地区的最早的活动基地，原本是为了祀奉中岳嵩山岳神而建，道家称中岳庙为"第六小洞天"，因为相传这里是周朝时期的神仙王子晋的升仙之地，于是后人在嵩山顶上建立了神祠纪念他。据《道学传》记载，道教的创始人张道陵曾在嵩山修道九年，南北朝时期，又有著名的道士寇谦之在此地改革"五斗米道"，创立"新天师道"。峻极门东侧的《中岳嵩高灵庙碑》就是当年刻立的，碑文中记载着寇谦之修建中岳庙和传道的事迹，是关于这座道教宫观最早的记录。此后，历代不少知名道士在这里主持过道场。峻极门东侧还有《五岳真形图碑》，这座高近3米的碑石上雕刻有象征五岳的图像符号，为明代万历年间所刻立。据道教经典《云笈七签》记载，"五岳真形图"是道士用来入仙辟邪的护身符，一切妖魔鬼怪都不能靠近。

　　分别位于嵩山南麓、西麓和东麓的嵩阳书院、少林寺和中岳庙是儒、释、道三家的文化传播的集中地，儒、释、道三教文化在这里荟萃，留下了鲜明的印记。南朝文学家陶弘景言"百法纷凑，无越三教之境"，"三教"在登封嵩阳地区呈现出一种和而不同、融会贯通的复杂又微妙的关系，为登封的文化历史书写了辉煌灿烂的篇章。

梁州

《尚书·禹贡》中说:"华阳黑水惟梁州。"华指华山,华阳为华山之南麓。"黑水"与雍州之"黑水",应属一条河流(学者说法不一),然而古文献对"黑水"的记载莫衷一是。如《玉篇·水部》曰:"漯水,浮得切,水名。"《广韵·德韵》曰:"漯,水名,在雍州。"《重修灵台县志》载:"达西河即县川之西河……《邠州志》谓梁山黑水者即此。"据西北师大敦煌研究所王宗元、齐有科两位学者的研究,认为《禹贡》雍州西界黑水,即源于陇山东麓,流经今甘肃华亭、崇信、灵台、径川等县的黑河,本文采用这个观点。

梁州东接豫州、荆州,北接雍州,西至"黑水",大体位置以四川地区为主,包括今日的陕西南部地区,甘肃的一部分地区,云南大部分地区。在这片区域内,首先选取道教发源地之一的青城山介绍独特的青城山道教文化,作为世界水利工程模范的都江堰体现我国古人的集体智慧,由于地理位置相邻,两地并为一节描写。其次,峨眉山作为著名的佛教名山,其佛道更替发展历程鲜为人知,单成一节详述。作为"蜀地"的著名风景,乐山大佛是世界第一大佛,其建造历史之艰辛,工程量之大,设计之妙,是现代人研究中国佛像建造历史的重要对象。丽江古城与三江并流奇观均位于云南地区,丽江是中国保护最完好的"四大古城"之一,三江区域拥有世界上独一无二的奇特自然地貌特征,都同样养育了绚烂多姿的少数民族文化。

梁　州

拜水问道　都江堰与青城山

《战国策·秦策》中《司马错论伐蜀》记载：公元前316年，巴蜀相争，早有吞并蜀国之意的秦惠王，认为这是一个灭蜀的好机会，恰在此时东边的韩国也派兵骚扰秦国边境。秦惠王在该先灭蜀还是先攻韩的事情上举棋不定，丞相张仪主张先攻韩，这样便可占领三川郡，打通宜阳道，挟持周天子，以完成霸业，而蜀国只是一个边远小国，对秦国的霸业毫无帮助，不值得劳民伤财去攻打；大将司马错认为秦国若想图霸业，应当先灭蜀国，扩张领土，增加财富，如果去攻打韩国挟持周天子，不仅不能获得什么实利，反而背了一个不仁不义的坏名，而且周、韩自危，必然会去联合齐、赵共同抗秦，因此，攻韩是失策，伐蜀才是万全之计。于是，秦惠王听从了司马错的建议，曰："善！寡人听子。"遂起兵伐蜀，十月取之。

公元前280年，司马错在蜀地集结十万人马，南下东攻楚国，然而军队却因粮草和兵马不能及时补给在商於陷入瘫痪导致战争失败。这次战争失利使秦国意识到，虽然秦国攻占了蜀国，但是当时的蜀地属于戎狄地区，并不富饶，贯穿成都平原的岷江常年泛滥，农业和蜀地人的生存经常受到威胁，而且蜀地与巴国还常有战事，要想利用蜀地达到富国强兵的目的，必须改造蜀地，将岷江水改道，使其成为秦国战争的补给线，使蜀地成为秦国统一天下的战略基地。于是，按照秦国的耕战文化和司马错的军事思想，一项人类历史上旷古未有的宏大水利工程——都江堰，就这样拉开了帷幕，主持工程的李冰也因此登上了历史舞台，注定要留下光辉的业绩。

都江堰

公元前272年，秦人李冰奉秦昭王之命到蜀地担任郡守。李冰到蜀郡后，发现成都平原广阔无边，土地肥沃，却人烟稀少，非常贫穷——由于岷江连年泛滥，当地的老百姓能迁走的都迁走了。李冰决心征服这条河流，一可为秦国打造战争补给线，二可为当地老百姓造福。

李冰父子雕像

他长途跋涉，几次深入高山密林，追踪至七百多里地远的岷江源头勘察水情，掌握了关于岷江的第一手资料。都江堰位于岷江由山谷河道进入冲击平原的地方，在建成以前，这里的岷江上游流经地势陡峻的万山丛中，一到成都平原，水速突然减慢，因而夹带的大量泥沙与岩石，随即沉积下来，淤塞了河道。每当雨季来临，岷江与其他支流水势骤涨，往往泛滥成灾，雨水不足时，又会造成干旱。

根据考察的结论，李冰选择了在山丘和平原的分界点处建造都江堰，以锁住岷江的咽喉，于是率领数万民工在岷江岸边开始动工，用整整四年时间在岷江江心建起了酷似大鱼之嘴的分水堤，这就是时至今日仍在发挥作用的都江堰三大部件之一的鱼嘴分水堤。当江水流至鱼嘴时，自然分成了内外两江。其西边叫外江，俗称"金马河"，是岷江正流，主要用于排洪；东边沿山脚的叫内江，是人工引水渠道，主要用于灌溉。

坐落于成都平原西北的湔山是内江流入平原的必经之路，此时挡住了岷江内江的流向，面对这座大山，李冰毫无迟疑地决定凿开湔山，引江水入平原。李冰让民工们先在岩面上架起大量木柴点火燃烧，一直烧到岩石发红，再用冰凉的江水，一瓢瓢泼向滚烫的石面。经过热胀冷缩，岩石崩裂疏松，再挥锤凿打。只用了八年，便凿开出一条20米宽的水路，完成了整个工程的关键部分。由于这个入水口形似瓶口，有着控制内江进水量的功能，后人把它称作"宝瓶口"。留在宝瓶口右边的山丘，因与其山体相离，故名"离堆"。宝瓶口一带自然景观瑰丽，有"离堆锁峡"之称，是著名的"灌阳十景"之一。

都江堰工程分为三大部分对岷江水进行处理，除了鱼嘴分水堤和宝瓶口，鱼嘴分水堤尾部的飞沙堰的设计同样巧夺天工。鱼嘴分水堤把滚滚而下的岷江水分为内外两江，平时有六成江水分入内江以保证成都平原的航运灌溉，夏季洪水到来时则利用弯道动力学的自然规律，将六成以上的江水泄入外江主流，而后汇入长江，使成都平原免受洪涝之灾。

都江堰工程这巧夺天工的三大部分，首尾呼应、互相配合，成功地起到了防洪排沙的作用，它所蕴含的水利原理之精湛,使都江堰工程成为世界水利史上的典范之作。据载,与都江堰同时间兴建的古埃及和古巴比伦的灌溉系统,以及陕西的郑国渠和广西的灵渠,都因沧海变迁和时间的推移,或湮没、或失效,唯有都江堰独树一帜,至今还滋润着天府之国的万顷良田。

岷江水通过宝瓶口,持续稳定地流入成都平原,使辽阔的乡村五谷丰登,人民在栽种粮食的同时,还利用多余的水来蓄塘养鱼,加工农产品。农业的发展带动了手工业的繁荣,栽桑养蚕的蜀地农民在蚕茧丰收后,办起了作坊,蜀锦从汉代起就久负盛名,蜀地所产的漆器和金银器也十分精致,经过丝绸之路畅销国内外。

中国历经千年风霜之后,都江堰不仅没有衰退成为历史遗迹,还成为各个时期直至今日治水工程的学习典范。历史上,司马迁考察都江堰、诸葛亮设兵护堰、马可·波罗游历都江堰、李希霍芬考察都江堰、黄炎培都江堰办学、林森主持都江堰开水,一幕幕历史在这里演绎,毛泽东、周恩来、邓小平、江泽民等党和国家领导人,以及不少的外国政要都曾视察参观都江堰,都说明了都江堰崇高的历史地位和水利价值。

青城山

青城山位于成都市都江堰市西南,其林木青翠,四季常青,诸峰环峙,状若城廓,故名青城山。青城山丹梯千级,曲径通幽,以幽洁取胜,自古就有"青城天下幽"的美誉,与剑门

张陵,选自戴敦邦道教人物画集

之险、峨眉之秀、夔门之雄齐名。古人记述中,青城山有"三十六峰、八大洞、七十二小洞、一百零八景"之说。

青城山是天师道发祥地,是道教的开山鼻祖张道陵天师修真传道的圣地,道教十大洞天中的"第五洞天"。张道陵,原名张陵,客居四川,学道于鹤鸣山中,从小就显出与众不同的天赋,7岁时就精通《道德经》,而且通晓"河图洛书"。他依据《太平经》造作道书,自称出于太上老君口授,奉老子为教主,以《道德经》为经典,并根据巴蜀地区少数民族的原始宗教信仰,创立了"五斗米道",又称"天师道",被后世尊为天师,改其名为张道陵。

张道陵在青城山修道时住在天师洞,此间发生了著名的与青城山一带名为八部鬼帅的巫教组织斗法的道教故事。他穿黄色道袍,佩剑,持印,戴符,这些装饰后被称为天师剑、天师印、天师符,成为天师道传教的最重要嫡传信物,也成为后世社会里"降妖除魔"者的标准扮相。张道陵挫败巫教八部鬼帅、六大魔王的传说广为流传,时至今日,在青城山上的"降魔石""掷笔槽""洗心池"等景点名,都是传说中斗法的场所或物品。在青城山修道的张道陵天师逐渐有了名声,他受西汉卜洲三岛传说的启发,为天师道制定朝礼、祭祀的黄色道服、道戒律条等。并构想出道教的"三十六洞天""七十二福地",所谓的"洞天福地"遍布赤县神州的大小名山,影响极大,原本普通的山有了"福地""洞天"的称号,便有了仙气,有了地位。

青城山道士炼丹的历史悠久,炼丹一法相传为远古的女娲和黄帝始创,有"女娲炼石""黄帝铸鼎"的神话传说。青城山历代许多道士亦以炼丹出名,许多道书都有详尽记载。炼丹道士以丹砂、铅和其他药物、矿物为原料,放在炉鼎中烧炼,以求制成"仙丹""灵药",试图治病强身、益寿延年。炼丹虽然事与愿违，但其执着的追求和大胆实验的精神，却在客观上成了古代化学的先导。古书中就记载有"丹砂烧之成水银，积变又成丹砂"的化学反应，而我国伟大的四大发明之一的火药，便是在炼丹的探求过程中发现的。英国著名学者李约瑟著书说："道教能将理论付诸实践……东亚的化学、矿物学、植物学、动物学和药物学，都发端于道教。"对青城山道士炼丹术的记载，最早见于晋代青城山道士皇甫士安著的《养丹诀》。后来历代青城山道士都有炼丹著作，并记载常用药物名称及丹药的制作和用法一百余种，这种炼丹术，道教称为外丹术。

被道教称为内丹术的，便是"气功"。道教主张以自己的身体为鼎炉，以自己的精气为药物，以元神为火候，经过一定程序的特殊锻炼后，使精、气、神在体内凝聚不散，融聚一体，这种融合物就叫作"内丹"，人体炼丹的部位称为"丹田"。它以"气"为理论和实践的基础，强调精、气、神的保养和锻炼，以达到强身健体、益寿延年的作用。修炼过程可分为筑基、益寿、开发智慧等。内丹是道教炼养功夫的核心，是动功、静功、气功、房中、服食等功夫的综合，是一种较高层次的身心炼养术。从唐宋以来，许多道教内丹功夫大师来往青城山，练功养生，传授功夫，著书记述，使青城山丹道享誉海内外。

道教主张"清虚自恃""返朴归真"，道士们把神仙居住之地叫作"洞天"，指环境优美，没有红尘俗务烦扰的修真养性之地。青城山在道教的维护之下，千百年来保持了林深山秀、环境清雅的大环境，为"青城天下幽"的长存不衰做出了重要的贡献。

青城山峰峦、溪谷、宫观皆掩映于繁茂苍翠的林木之中，道观亭阁取材自然，不加雕饰，与山林岩泉融为一体，体现出道家崇尚朴素自然的风格。现在，青城山的亭、阁、桥、廊、牌坊等建筑,共有一百多座,一般采用按中轴线对称展开的传统手法,依据地形地貌,巧妙构建。这些建筑,大部分为天然树皮亭,保持着原始树木的天然形状和色泽,与周围山林和谐搭配,立孤峰,屹危岩,跨断涧,临清溪,形成意趣不同的各种景点,显示出青城山古式亭阁的特有魅力。建筑装饰上也反映了道教追求吉祥、长寿和升仙的思想,这些对于深入研究中国古代的道教哲学思想,有着重要的艺术和历史价值。

青城山道教音乐历史悠久,传唱中外。《魏书》记载:"张陵受道于鹄鸣,因传《天宫章本》千有二百,弟子相授,其事大成,斋祠跪拜,各成道法。"可见当时已有道教自身的一套科仪。北周《笑道论》说:"……有同俗巫解奏之曲。"说明初期的道教音乐,是巴蜀巫师歌舞娱神的地方曲调,后来逐步由"降神娱神"的原始阶段,发展到做法事道场的较为正规的乐队。到唐朝时,青城山道教音乐还传入了宫廷,女诗人薛涛在宫廷诗中写道:"代裙本是上清仪,曾逐群仙把王芝;每到宫观歌舞会,折腰齐唱步虚词。"唐代著名的"霓裳羽衣曲"和"紫薇八卦舞",就是吸取了道教音乐创作而成的。

鲁迅曾说:"中国根柢全在道教……前曾言中国根柢全在道教,此说近颇广行。以此读史,有许多问题可以迎刃而解……懂得此理者,懂得中国大半。"英国汉学家李约瑟也认为:"中国文化就像一棵参天大树,而这棵大树的根在道家。"道教的玄妙思想、神仙境界、奇异方术、逍遥精神、贵生伦理渗透到文学艺术领域的方方面面,道教的自然情怀、浪漫主义深深影响着传统文艺的审美观,提供了取之不尽的精神源泉。

著名学者余秋雨先生在游览都江堰、青城山后留下的墨宝:"拜水都江堰,问道青城山。"这一水一山,一动一静,一个柔美一个阳刚,仿佛一幅大自然的太极图,相互滋养,和谐运转,其所代表的道教清静恬淡的自然情怀,抱朴守真的价值取向,性命双修的养生思想,以及天人和谐的生态智慧,不仅自古至今深刻地影响着国人,还走出了国门,得到世界的认可。清代著名的蜀派古琴大师张孔山就是青城山道士,由他传谱的古琴曲《流水》,创用了"七十二滚拂流水"曲技,此曲在1977年被美国录入镀金唱片,由太空飞船"旅行者二号"带上太空,至今还在茫茫宇宙中,寻觅人类的知音。

梁　州

普贤道场　峨眉山

峨眉山是我国的四大佛教名山之一，雄踞在四川盆地的西南边缘，是大峨、二峨、三峨的总称，最高峰万佛顶海拔3099米。山体南北方向延伸，绵延23公里，面积115平方公里。她古雅神奇，巍峨媚丽，其山脉绵亘曲折、千岩万壑、瀑布溪流、奇秀清雅，故有"峨眉天下秀"之美称。《杂花经·佛授记》中说道："震旦国中，峨眉者，山之领袖。"唐代大诗人李白则有"蜀国多仙山，峨眉邈难匹"的千古绝唱。

由于峨眉山地理位置的原因，形成十里不同天、一山有四季的特殊景象，这种自然环境为各种植物的生长提供了良好的条件。峨眉山上有多达一千六百种的药用植物，超过三千种的高等植物，两千三百余种动物，共同构成这个充满自然灵性的世界。随着季节的变化和山势的不同，加上古木参天，流泉飞瀑，以及阴、晴、风、雨、云、雾、霜、雪的渲染，使峨眉山的景色更加清幽，风景独秀。

峨眉山是一座佛教名山，相传是释迦牟尼身旁的普贤大菩萨显灵说法的道场。它与山西五台山、浙江普陀山、安徽九华山并称为中国佛教的"四大菩萨"道场。峨眉山原为佛道两教并存的宗教重地，东汉之初，山间便有了第一座以药农舍宅为寺庙的"初殿"。后来历经晋、唐、宋续建和明、清两代发展，在连绵百里的山峦间，先后兴建佛寺两百多处，僧众达数千人。随着佛教兴盛和道教的衰微与绝迹，峨眉山遂成为以普贤菩萨信仰为中心的佛教圣地。

峨眉山是普贤菩萨示相之地，普贤的十大行愿寓意了平安、吉祥、成功。在峨眉山金顶48米高的四面十方普贤金像落成开光后,峨眉山朝圣内涵更加丰富:乐山大佛抱佛脚、大佛禅院悟佛法、报国寺入佛门、伏虎寺结佛缘、清音阁观佛园、万年寺拜佛祖、金顶开佛光。由于历史变迁,现在峨眉山景区内尚存十余处古寺,如报国寺、万年寺、仙峰寺、洗象池、金顶等,寺院内的佛教徒依然保持着正常的宗教生活,"万盏明灯供普贤""水陆法会"等佛事活动常年不断。

佛道更替

峨眉山上最早信仰的宗教是道教,是道家看好的风水宝地,是修炼成仙的最佳场所,被道教奉为第七洞天,是有名的"洞天福地"之一。

相传唐文宗年间(826—840),一位仙风道骨的道士来到峨眉山千人洞中隐居修行,他访仙问道、采药炼丹,闲暇之余还在山上习武练剑,并留下"大峨"二字,这个人就是被道教称为"北五祖"的吕洞宾。吕洞宾道号"纯阳子",峨眉山上的纯阳殿就是为了纪念他而专门修建的。纯阳殿是峨眉山上最负盛名的道观,大殿后还保存着两块完好的"吕祖碑",记录着昔日道教在峨眉上逐渐发展的辉煌。"山不在高,有仙则名",峨眉山上的道教日益兴盛,声名逐渐显赫起来,又因为峨眉山毗连川西平原,高而不显,环境幽深,来往方便,吸引了很多不满现实的高人隐士来山隐居,这自然给峨眉山涂上一层玄妙的色彩,世人愈加感觉峨眉山是一处神秘的仙道洞府了。大诗人李白登上山后,大受感染,作《登峨眉山》:

蜀国多仙山,峨眉邈难匹。
周流试登览,绝怪安可悉?

梁　州

　　青冥倚天开,彩错疑画出。
　　泠然紫霞赏,果得锦囊术。

诗人岑参在《临眺峨眉隐者》的诗中也情不自禁地流露出"且欲寻方士,无心恋使君"的情感来;鲍溶在《寄峨山杨炼士》诗中更是把"道士夜念蕊珠经,白鹤下绕香烟听"的仙逸情境描述了出来,峨眉山道教在唐代发展到了鼎盛时期。

据《峨眉山志》记载说:"汉永平癸亥(63),有蒲公者采药于云窝,见鹿迹如莲花,异之,追之绝顶无踪,惟见祥光焕赫,紫气腾涌。乃至洛阳谒竺法兰二师,师曰:'此普贤依本愿现像于峨眉山也。'蒲公归建普光殿。"这是峨眉山上最早的关于佛教的记载。虽是佛教神话,不可作为科学根据,然而,对于佛教在峨眉山上的兴起开端,都认为始于此。北魏太武帝时期(424—451),峨眉山上道士之间意见不一,列派纷争,不能和睦相处,这时住宝掌峰的和尚明果说服了一部分道士加入佛教,一些本为道教的道观改供佛像,揭开了峨眉山上道佛相争的序幕。到了唐武则天时期,世间崇尚佛教,佛法大行,峨眉山佛教得以发扬壮大。然而佛教在峨眉山上的发展也并不是一帆风顺的,唐武宗李炎在位期间(841—846),推行一系列"灭佛"政策,以会昌五年(845)四月颁布的敕令为高峰,而会昌六年唐武宗逝世后唐宣宗即位又重新尊佛,灭佛就此结束。这一事件使峨眉山佛教受到重创,史称"唐武宗灭佛"或"武宗灭佛"。

唐僖宗年间(874—888),一个名叫慧通的禅师登上峨眉山。他见峨眉山地域深广,山峦重复,钟灵毓秀,是修建寺庙,弘扬佛教的好场所,遂对先辈修建的寺庙进行修葺和扩建。他不仅招收门人,还劝说他妹妹慧续法师也来峨眉山重修普贤道场,慧续也因此成为峨眉山的第一位比丘尼。在他们的努力下,峨眉山佛教初具规模,为佛教名山之形成创造了条件。从此峨眉山中的佛教寺院越建越多,普贤道场重新兴盛起来。

道教主张"清静无为",轻人事而重修炼,幻想长生,脱离实际,得不到统治者的支持,而且道士之间、道观之间互不支援,不能很好地合作,致力于道教基业的发展和巩固,加上峨眉山的历史上没有出现过著名的道士来执掌教务,失去了很多弘扬道教的良机。佛教则相反,佛教传入我国以后,吸收儒家思想,对教义教规作了改良,戒律繁多,渗以"忠君、孝亲"

慧通禅师画像

思想,更能为统治者所接受,顺应当时民心,得到社会名流的赞助,得以传播,而且峨眉山上高僧辈出,使得道教自明代起便江河日下,而佛教不断发展,最终形成峨眉山以佛为主的状态。

白蛇传说

《白蛇传》是脍炙人口的民间传奇故事,故事的主人公白素贞拥有无与伦比的美貌与清丽脱俗的优雅气质,她温柔体贴、对爱情忠贞不渝的贤妻良母形象得到读者、戏曲爱好者、影视观众们的热爱,成为中国民间传说的经典之作。在故事里,白蛇在峨眉山上苦练千年,修成人形,来到人间天堂杭州报恩。峨眉山不仅是白素贞修行千年的场所,也是著名的"仙山盗草"故事的发生地点。《白蛇传》有很多版本,最初为明代作家冯梦龙《警世通言》第二十八回"白娘子永镇雷峰塔",后被加工为戏曲,至今几乎全国所有的剧种都有出演,京剧平易抒情,昆曲典雅浪漫,可谓百花齐放。在现实生活中,白蛇传说的发源地就在峨眉山,在峨眉山地区流传着这样的传说:

  从峨眉山清音阁上山途中,山峰陡峻,绿云蔽天。一天,钵盂峰上空升起了一大股硕大的白烟,山中巨大的喷泉涌出,顺山势而下,形成一条白练,恰似一条白龙,此时,在旁边的大坪山下的潭水翻驳涌浪,黑雾弥漫山间,狂风大作,浑浊的黑水沿一线天流出,好似一条青龙。当黑白二水汇集到牛心石前,河水与巨石飞撞击声震耳欲聋。忽见着一身白衣白裤、美貌无比的青年女子与着一身青色衣裤的青年男子出现在河滩上。原来,这白衣女子是钵盂峰下山洞里经过千年修炼大功已成的白蛇精,而青衣少年则是黑水潭中修道的黑蛇精。这黑蛇精因为一直窥伺着钵盂山洞的白蛇精,心猿意马,功夫不见长进。今天忽见白蛇修道成功,便急不可耐,从潭中跃出,强求白蛇与他成亲。白蛇提出比武定胜负,如打不过愿嫁于黑蛇,否则黑蛇变为它的丫环侍奉左右,黑蛇精立即应承。不想几个回合下来,黑蛇便败下阵来,老老实实地变成了女儿身成为白娘子的丫环,取名青儿。此后,便发生了白娘子与青儿来到人间天堂杭州,西湖断桥遇许仙的爱情故事。现在人们把白娘子修炼的地方叫白龙洞,洞前的江叫白龙江,黑蛇修炼的地方叫黑龙潭,黑龙潭下流的溪叫黑龙江,白娘子离开的地方叫作龙升岗。

《白蛇传》的传说既包含佛教的苦行、空色、禁欲、轮回,又包含了道教的修炼、真气、仙丹、方术,这也跟峨眉山上的宗教发展历史密切相关。峨眉山是著名的"仙山""佛地",在我国道、佛二教的发展史上,占有重要一页,从现存史料上看,在汉末三国之际,道教已在山上流传,而佛教则是晋初传上山的。在唐、宋二代,两教并存,到了明代中叶,道教日渐式微,而佛教却日益兴盛,及至清代道教衰落,以佛为主。至此,峨眉山才成为四大佛教名山之一,声名远播。

凌云弥勒　乐山大佛

乐山市古称嘉州,位于四川盆地西南部,"天下山水之观在蜀,蜀之胜曰嘉州,州之胜曰凌云",苏东坡年轻时,对乐山的风光也是颇为神往,作诗云:

少年不愿万户侯,亦不愿识韩荆州。
颇愿身为汉嘉守,载酒时作凌云游。

而嘉州如此出名,凭的是建于凌云山上的乐山大佛。

乐山大佛依凌云山栖鸾峰临江峭壁凿造而成,佛像高 71 米,是世界最高的大佛。大佛像呈坐姿,足踏大江,双手抚膝,体态匀称,神情肃穆,与乐山城隔江相望。大佛头长 14.7 米,头宽 10 米,肩宽 24 米,耳长 7 米,耳内可并立二人,手指长 8.3 米,脚背宽 8.5 米,可坐百余人,素有"佛是一座山,山是一尊佛"之称。

乐山大佛

乐山大佛具有一套设计巧妙、隐而不见的排水系统,对保护大佛起到了重要的作用。大佛头部共 18 层螺髻中,第 4 层、第 9 层和第 18 层各有一条横向排水沟,分别用锤灰垒砌修饰而成,远望看不出。衣领和衣纹皱褶也有排水沟,正胸右向左侧有水沟与右臂后侧水沟相连。两耳背后靠山崖处，有洞穴左右相通；胸部背侧两端各有一洞，但互未凿通，孔壁湿润，底部积水，洞口不断有水淌出，因而大佛胸部约有2米宽的浸水带。这些水沟和洞穴，组成了科学的排水、隔湿和通风系统，防止了大佛的侵蚀性风化。

大佛坐像右侧有一条九曲古栈道。栈道沿着佛像的右侧绝壁开凿而成，奇陡无比，曲折九转方能登上栈道的顶端。栈道顶端在大佛头部的右侧，也就是凌云山的山顶。此处可观赏到大佛头部的雕刻艺术。大佛顶上的头发，共有螺髻1021个。远看发髻与头部浑然一体，实则以石块逐个嵌就。大佛右耳耳垂根部内侧，有一深约25厘米的窟窿，长达7米的佛耳，不是原岩凿就，而是用木柱作结构，再抹以锤灰装饰而成。在大佛鼻孔下端亦发现窟窿，露出三截木头，呈品字形，这说明隆起的鼻梁，也是以木衬之，外饰锤灰而成。

乐山大佛得到官民共同努力，历经90年才建造完成，在大佛的建造史上最重要的三个人物分别是：初建者名僧海通，续建者剑南节度使章仇兼琼与剑南西川节度使韦皋。

海通初建

乐山大佛开凿于唐玄宗开元初年（713）。当时，岷江、大渡河、青衣江三江于此汇合，岷江在当时是极为重要的军用运输线，而大渡河和青衣江则被用于商旅和民用，三江汇合促成乐山地区水路的发达。然而，这条发达的水路却常受到大自然的侵扰，每当雨季来临，三江洪水同时爆发，水流直冲凌云山脚，卷起滔天巨浪，吞天蔽日，势不可当，过往船只常触壁粉碎，成为当时殃及地方的一大祸害。

凌云寺名僧海通每每见到灾难发生都心痛不已，于是发起修造大佛之念，目的有两个：一是使石块坠江减缓水势，其二也可借佛力镇水。于是一个造佛治水的宏大誓愿便在海通内心坚定下来。唐时嘉州并不繁荣,海通和尚只得沿江而下,到人口和财富更加密集的两湖淮海等地募款,整整20年,才筹得一笔数目很大的款项。款项到位后,实地勘测的工作紧接着展开。"规广长,图坚久",他根据山体岩石的高度和厚度,考虑到风雨的剥蚀和水流的冲刷,参照远山峨眉和近水三江的视野环境,确定了在凌云山栖鸾峰临江峭壁上建造的位置,"顶围百尺,目广二丈";海通根据开凿佛像确定的整体空间,依据从上到下建造佛像的先后工序,规划了头部的大小和面部的轮廓,然后便"其余相好,一以称之",按经规教义凿出佛像的各种特征来。勘测规划妥当后,凿建大佛的工程就正式开始了。是时,"万夫竞力,千链齐奋。大石雷坠,伏螭潜骇。巨谷将盈,水怪易空"。

工程开工后,海通亲临现场主持。他选择大佛旁的一个岩洞作为居所,在洞内,青灯相伴,绳床相依。然而,在海通凿造大佛的初期,善财却招来贪官的垂涎。当地的郡吏知道海通四方化缘,前来索贿,海通怒斥:"自目可剜,佛财难得!"遂"自抉其目,捧盘致之",贪官大惊失色,仓惶而去。传说贪官的后半生,每日吃斋念佛,以求佛祖宽恕。后人怀念海通,在大佛头部左后侧的栖鸾峰山岩之上的海师洞,为其塑像纪念。这尊塑像双目无珠,脸色铁青刚毅,庄严不可侵犯,便是以传说为据来表现他的坚忍不拔、不畏强权的性格。

然而,由于建造大佛"功巨用广,费亿万金",不可能在短时期内完成,"全身未毕,禅师去世",在完成大佛头部和胸部的工程后,海通便去世了。

章仇兼琼续建,韦皋建成

海通去世后,乐山大佛的建筑工程在停顿了十几年后又开始修建了。续建工程是由开元天宝年间的剑南节度使章仇兼琼主持进行的。

同唐代其他士大夫一样,章仇兼琼也具有浓厚的崇佛佞佛感情,这是由佛教兴盛的唐代世风所决定的。当时,不少人崇奉佛教虔诚到了着迷的地步,他们为僧尼建造寺院、修造经幢,帮助僧尼刻经、铸佛、正名、请谥,替僧尼撰集各种碑铭、行状、传记、语录、文集、经疏、写序与宣扬佛法"灵验"之书,还斋僧、勒经、写经、舍宅捐金,甚至使自己的日常生活僧徒化。

海通修建的大佛已经建好了头部和胸部,大量的石块落入水中,平息了水患,在当时,已经有很多信徒在凌云山下烧香拜佛,祈求平安。同样信佛佞佛的的章仇兼琼来到嘉州,亲眼目睹了大佛的庄严的面貌后,毅然捐出自己一年的俸禄二十万贯以支持大佛建造。然而大佛的工程量浩大,二十万贯也只能是杯水车薪,于是章仇兼琼上表申报,得到唐玄宗的大力支持,"诏赐麻盐之税"以充实修造营建的经费。在唐代,蜀麻以质地优良著称于世,四川与江南之间又有长江连接,所以大批蜀麻便沿江贩运到江南地区,供给江南织造出大量优质麻布来,其中还有许多作为贡品送往长安。由此推断,唐玄宗"诏赐"的这笔经费,其数额无疑是相当可观的。

得到章仇兼琼和当朝执政者的支持,乐山大佛的建设再次回到轨道上来。唐玄宗天宝五载(746)五月,由于章仇兼琼从吐蕃手中收复安戎城有功,特别是他治蜀推行的德政深得民心,他被擢升为户部尚书。由于章仇兼琼赴京上任,所筹经费没有得到及时补充,乐山大佛的续建工程再次停顿。此时,佛像已修建到大佛的膝盖了。

乐山大佛最后是在剑南西川节度使韦皋的主持下建成的。他在《大像记》中写道:

> 贞元初,天子命我守兹冲隅。乃谋匠石,筹厥庸。从莲座上至于膝,功未就者几乎百尺。贞元五年,有诏郡国伽蓝修旧起废。遂命工徒,以俸钱五十万佐其费。或丹彩以章之,或全宝以严之。至今十九年,而跌足成形,莲花出水,如自天降,如从地涌。象设备矣,相好具矣。

韦皋捐出五十万俸禄帮助修建大佛,花了19年的时间,完成了从膝到莲花座的最后工程。

乐山大佛的建造,先是民间发起,又得到朝廷支持,得以续建并完成,是僧俗、官民、朝野共同协力修建而成的。大佛在建造过程中,凿刻滚下的石块填浅了河床,减缓了水势,其伟岸的身躯成为三江河流上来往船舶的航标,并且大佛的"俨然圣容"也给了船夫们战胜激流险滩的精神力量,从此凌云山下的水患终于得到了治理,海通禅师慈悲度众的心愿也得到了满足和实现。

玉龙山下　丽江古城

丽江,又名"大研古镇",坐落在丽江坝中部,玉龙雪山下,北倚象山、金虹山,西枕狮子山,与四川阆中、山西平遥、安徽歙县并称为"保存最为完好的四大古城"。它神秘的纳西东巴文化,淳朴的民族风情一直是世界人们心中向往的世外桃源、人间乐土。20世纪30年代,一位美国人来到了中国西南部的云南丽江,他就是在西方享有纳西学奠基人美誉的洛克博士。洛克博士长期留居中国丽江,数十年如一日对丽江地区的地理生态、纳西族历史、东巴文化等相关资料进行搜集、整理和研究,采集了大量素材,并在美国《国家地理》杂志上发表多篇相关文章,取得了世界的瞩目。

在众多读者里,有一位年轻的作家詹姆斯·希尔顿,被这些文字描述的文化和图片素材所激发,成就了他一生中最著名的作品,那就是《消失的地平线》。詹姆斯深深地被丽江吸引,在书中用这样一段文字描述他对丽江的幻想:

> 前方勾勒出苍白的三角形,这金字塔式的山峰又呈现眼前。开始是灰色,接着换成了银色,后来,太阳最初的光芒吻了上来,这顶峰竟妆点上了粉色的胭脂。一片逐渐褪去的朦胧之中,山谷亮出了模样。卵石和沙砾往上堆积成斜坡状的地面,显现了出来。这可不是一幅令人感到亲近的画面;可对康维来说却是。当他环顾四周观察着眼前的景物时,发觉这山谷之中蕴涵着某种奇怪而微妙的理念;一种全然不是纯粹浪漫色彩的吸引力,

而是一种钢铁一般的,几乎是充满了理性的风格。远处这座白色金字塔让你在心底不得不接纳它,虽激不起多少罗曼蒂克的激情;这就如同人们不得不接受欧几里德定理一样。当太阳终于上升到蔚蓝色的天空时,他又一次感到了丝丝的快慰……

《消失的地平线》一经出版,立即跃居1933年美国畅销书排行榜首位,并于次年搬上好莱坞银幕。它不仅开启了西方乃至世界对中国"世外桃源"的幻想,而且正如《不列颠文学家辞典》中评价的,该小说最大的贡献在于创造出英语新词"Shangri-la",音"香格里拉",意为"心中的日月"。"香格里拉"一词迅速通过影视、小说等途径传播,成为脍炙人口的英语外来语,不少外国友人不远千里来到中国寻找香格里拉。根据旅游发展的需要,2001年12月17日,我国民政部批准将云南中甸县更名为香格里拉县。然而,在很多人的心中依然坚信丽江才是"香格里拉"真正的原型,丽江神秘的东巴文化和特色建筑依旧吸引着国内外游客的脚步。

纳西民族的东巴文化

1923年,在中国云南进行考察的洛克博士,第一次观察到纳西族人祭祀"东巴",为扫除病人痛苦所举行的宗教仪式之后,深深地被这神秘的东巴文化吸引了,于是全身心地投入纳西东巴文化资料的搜集、整理和研究的工作中,用了27年的时间搜集了大批纳西族东巴文化的典籍——东巴经书。怀着对即将消失的民族文化的抢救的危机感和责任感,洛克博士成为第一个,也是至今为止唯一一个能够识读东巴象形文字和音节文字,并翻译了大量纳西文献的欧洲人。在20世纪30年代,洛克博士的工作得到很多知识渊博的大东巴的帮助,对东巴教义和经书的翻译工作进行认真严格的校对,保留了很多珍贵的资料,其中有许多是后世年轻的东巴也难以解释清楚的。洛克博士对纳西东巴教的不少观念、教义中的文化互渗现象的理解和阐释富有独创性,深受纳西学者和东巴文化研究者们的尊崇和敬仰。

东巴教是在纳西族古老原始宗教基础上,吸纳借鉴藏族本教一些仪轨而形成的纳西族的宗教,长期以来,它一直是纳西族全民信仰的传统宗教和上层建筑中的意识形态,是古代纳西民族的生活准则和行为模式。东巴文化是以东巴教为载体的,其在清雍正元年改土归流(即改土官为流官,土官是一族世袭,而流官由中央选派,实行任期制)之前,几乎是纳西民族的全部世界观和民族文化。改土归流之后,东巴文化仍然是大多数纳西族地区的主体文化。经过多年的社会变迁和文化冲突,纳西族地区的东巴文化一直延续到了今天。因此,东巴文化既是传承了几千年的纳西族古代文化,也是延续传承至今的纳西族活态文化。

东巴文化拥有目前世界上唯一存活着的体系化的图画象形文字——东巴文,这些目前仍能释读和应用的一千多种东巴图画象形文字、三万多册东巴标音文字书写的纳西古文献典籍,是纳西民族几千年的智慧结晶。人类现已发现的象形古文字,如公元前3500年苏美尔人的丁头字、公元前3000年左右流行于尼罗河流域的圣书字、中国公元前1300年的殷商甲骨文,以及20世纪50年代在中美洲尤卡

东巴文

坦半岛发现的玛雅字等都是已经死亡的古文字,唯独纳西东巴文还成体系地、完整地、活态地保存于世。

东巴画的艺术风格是以拙朴、原始、古怪、粗犷、生动为主的,早期以自然崇拜为主要内容,在木牌画、纸牌画中表现尤为突出;后期则以神灵崇拜为主,以卷轴画为代表,如《神路图》中"地狱""人间""天堂"三部分,表现了人的生命轮回过程,这是吸收了佛教内容后才出现的。东巴文化早期受藏族原始宗教影响,后期则多受佛教、道教的影响,这是因为茶马古道的开发促进了丽江地区的发展,造成多元文化的融合。

东巴画

东巴舞反映的是纳西族历史上随畜迁徙,以鸟兽为邻的原始生活,是纳西族精神文化的一种体现。纳西族的东巴舞蹈,有老鹰舞、大鹏舞、孔雀舞、白鹇舞、大象舞、青龙舞、白马舞、牦牛舞、大脚赤虎舞、飞龙舞、马鹿舞、豪猪舞、刺猬舞、山羊舞、金色巨蛙舞等多种模拟动物的舞蹈,还有鹰翅舞、鹰爪舞等等。其中,"麦达蹉"和"热热蹉"等是诗、歌、舞三者合一的原始舞蹈,舞步简单,一般是以右手搭左肩或手挽手,从右行进,渐成圆圈,特点是边唱边舞,以唱促舞,以舞助唱,唱完舞止;没有乐器伴奏,人数、地点和场合不受限制,男女皆可参加。东巴舞蹈糅合了东巴教中自然崇拜的文化因子,其古朴、粗犷、原始的艺术风格也与东巴文化的其他元素如出一辙,同时也因表现形式不同而有所区别。

东巴文化既是一种古老神秘的宗教文化,同时也是一种色彩浓郁的民俗文化。正如著名作家、文化部原部长周而复所评价:东巴文化以其博大精深的知识宝藏和富有神奇色彩的民族风格闻名天下。纳西族因东巴文化而著称于世,东巴文化研究发轫于20世纪初,开拓于20世纪中期,成型于20世纪末。以东巴文化研究为主体的新兴学科——纳西学已经形成,东巴古籍于2003年列入世界记忆遗产名录,以东巴文化为文化内涵的丽江品牌得到了世界认可。

茶马古道

由于人类早期的文化交流必须通过人群的迁徙或以器物的流动作为媒介,而西藏昌都、四川西昌与云南大理之间的交通路线就要经过丽江地区,因此可以肯定,这三个地区在较早的时期就是区域性文明中心,它们之间的互动关系曾经深刻地影响到了丽江早期的文化。而这里所写的"交通路线",就是今天所说的"茶马古道"。

大约在唐代,茶叶因富含维生素,具有芳香提神、助消化、解油腻等功效,成为藏族人民的生活必需品,但是藏区不产茶,而川滇地区产茶,在过去储存手段比较落后的条件下,常年茶叶贩运便成为川藏、滇藏之间重要的贸易活动。同时,自古以来,中原大地战事不断,民间役使和军队骑射征战,都需要大量的骡马。由于丽江自然条件的优越,纳西族养马历史悠远,逐步培养出了独具优势的"丽江马"和其他品种,使得骡马交易长盛不衰。后人就把这些以茶叶和骡马为代表的商品交易通道称为茶马古道。茶马古道是继南方丝绸之路之后,在祖国西南边疆出现的又一贸易通道,不同于丝绸之路的时通时阻,茶马古道一出现便保持畅通。它兴于唐宋,盛于明清,到20世纪40年代的二战中后期达到辉煌。

茶马古道的凶险难行是常人难以想象的。丽江到拉萨仅约一千五百公里,往返一次却需近半年,许多地方天寒地冻,山高水急,没有人烟。清代纳西族诗人牛焘就有"野炊正愁无薪刈,羸马苦饥啮寒毡。跬步咫尺人鬼异,于斯寄命徒苟延"的诗句。赶马人的风餐露宿、饥寒交迫和道路上的匪兽频繁等等可想而知。就在这样艰苦卓绝的环境下,丽江人凭借着适应高寒环境的能力、丰富的养马经验、坚忍不拔的品质,勇敢地走上了茶马古道。

有人曾把丽江古城称作"马蹄踏出来的古城"。作为茶马古道的重要节点,丽江自唐宋以来就是南来北往的货物中转集散地,也是不同民族多元文化交汇的区域,可以说古城的发展、繁荣是由商贸带动起来的,茶马古道的兴衰成败对丽江古城的发展至关重要。丽江古城是迄今为止茶马古道上保存最为完好、古貌依旧的文化古城。马帮长期的行走过程中逐渐形成的茶马古道文化(也有人称马帮文化),带动了丽江的经济、文化发展。

虽然今天的茶马古道上再也难现马帮铃响,今天的丽江城内也难闻马蹄得得,但是我们不能忘记的是茶马古道文化是成就丽江古城成为世界文化遗产的重要原因,也是丽江古城的辉煌和古韵的来源。

古城生活

被誉为东方威尼斯的丽江古城,依山傍水,古朴自然,家家流水,户户垂杨。古城的五彩石路,晴不飞尘,雨不泥泞,民居以"三坊一照壁,四合五天井"为筑,从选址到建造以及河道水系的利用,丽江古城都独具风格。"三坊一照壁"是丽江纳西居民中最基本、最常见的民居形式。在结构上,一般正房一坊较高,方向朝南,面对照壁,主要供老人居住。东西厢略低,由下辈居住。天井供生活之用,多用砖石铺成,常以花草美化。古城西北方 30 公里处是海拔 5596 米的玉龙雪山及第四纪冰川遗迹,源于玉龙雪山的清泉流入古城,在城北分成三支,每支又分成数十支溪流,自北向南随街入巷。"小桥流水人家"的景象,为古城增添了几分灵气。行走在丽江,常见人在井边洗衣淘菜,说话谈心,一幅古朴而其乐融融的画面。丽江有多处三眼井,一井饮用,二井洗菜,三井漂衣成为千百年来的习惯,这些三眼井既为当地居民的生活提供了便利,同时也成为古城一道特殊的风景线。丽江人视水为城市的血液,尊其为圣物,一旦有人违反规定或污染水源便被视为没有道德。因此,即便丽江古城人来人往上千年,依然可见水底青草飘逸,鱼群嬉戏。

丽江古城民居在布局、结构和造型方面按自身具备的条件和传统生活习惯,有机结合了中原古建筑以及白族、藏族居民的优秀传统,并在房屋抗震、遮阳、防雨、通风、装饰灯方面进行了大胆的创新发展,形成了独特的风格,其鲜明之处就在于无一统的构成机体,明显显示出依山傍水、拙中藏巧、自然质朴的创造性,在相当长的时间和特定的区域里对纳西民族的发展也产生了巨大的影响,是研究中国建筑史、文化史不可多得的重要遗产。

木府

公元 1368 年,明朝政府派军队出征云南时,纳西首领阿甲阿德土司,率全族军队归附,追随明朝的军队,屡建战功。开国皇帝朱元璋,将自己的姓去掉一横一撇,钦赐阿甲阿德为木姓,授予他世代统治丽江地区的最高权力,从此纳西族木姓土司在以丽江为中心的云南广大区域内逐步树立起王者独尊的统治地位。为了表彰纳西首领的归顺,朱元璋还钦赐一块忠义牌坊,由此一座完全仿照北京紫禁城格局建造的巨大建筑群在丽江古城拔地而起,一直保留至今。

纳西先民对风水是极为看重的,传说因为一个"木"字,木府虽然仿造紫禁城,修得繁华壮丽,却并不设城墙,因为怕"口"围"木",成了"困"。木府建筑是坐西朝东的格局,与中原建筑的坐北朝南形成鲜明对比,因为东方属木,太阳和木为纳西东巴教中的崇拜物。当然,这都是后人的解释,不可尽信。

木府是丽江木氏土司衙门的俗称,木氏土司家族历经了元、明、清三个朝代,在最鼎盛的时期,木府占地一百多亩,有近百座建筑,是大研古城百年的心脏所在。据《丽江府志》记载,木府殿堂巍峨、布局严谨,分别有议事厅、万卷楼、护法殿等大殿,两侧房屋罗列,楼台亭阁,数不胜数;花园回廊,风格别致,其总体建筑风格为"仿紫禁城而建"。连走南闯北的徐霞客在踏上丽江古朴而风雅的青石板街道,做客木府之后,也不得不叹一声"富冠诸土郡",赞其"宫室之丽,拟于王者"。

木氏土司统治下的丽江,度过明朝三百年而无大乱,一个弱小民族,能在与其他各民族的碰撞中生存下来,已非易事;木氏土司还成为保一方平安的大土司,统治丽江近五个世纪,称得上是历史传奇了。伴随着木府的崛起,木氏家族的精彩故事也被传唱着。值得一提的是木府历史上最有影响力的土司木增和他的妻子阿勒邱。木增乃明代丽江府第十二任土知府木青之长子,11岁那年袭知府职,36岁辞去朝廷官职归隐,潜心修道。在传位给儿子木懿后,木增在玉龙雪山的芝山别墅开始了隐居生活,博览群书,定坐思禅,写下了二十多万字的读书笔记《云莺淡墨》。在他写的书中,流露出了道家思想,如"有心岂得妙,无年适真和"。木增死后,民间传说他的身体化成了雪山,又传木增升天时曾说:"若雪山崩塌,金沙江断流,便是我回来之时。"而1996年那次丽江地震,玉龙雪山崩塌,砸下的山石积雪让金沙江水为之断流41分钟,也让丽江再次引起了世人的注意。这或许是个巧合,但也不失为一种神秘的美丽。

梁 州

民族长廊 三江并流

在云南省西北部的横断山脉中,有三条大江:怒江、澜沧江、金沙江。它们从青藏高原的唐古拉山奔流南下,来到滇西北的大山深处,西部怒江,中部澜沧江,东部金沙江,澜沧江与金沙江的直线距离仅66.3公里,澜沧江与怒江的最短直线距离不到19公里,三条大江在崇山峻岭间自北向南,并行奔流170多公里。江水并流而不交汇,各自的入海口相距几千公里,险峻的大江深谷构成了地球上的一大奇观——三江并流。

4500万年前,印度次大陆板块与欧亚大陆板块大碰撞,引发了横断山脉的急剧挤压、隆升、切割,高山与大江交错,便形成了世界上这独有的自然奇观。三江并流区内高山雪峰横亘,从760米的怒江干热河谷到6740米的卡瓦格博峰,海拔变化呈垂直分布。这里有118座海拔5000米以上、造型迥异的雪山。与雪山相伴的是静立的原始森林和星罗棋布的数百个冰蚀湖泊。而位于横断山脉中段怒江与澜沧江之间的梅里雪山,主峰卡瓦格博峰海拔高达6740米,是云南的第一高峰。梅里雪山主峰上覆盖着万年冰川,晶莹剔透的冰川从峰顶一直延伸至海拔2700米的明永村森林地带,这是目前世界上最为壮观且稀有的低纬度低海拔季风海洋性现代冰川。同时,梅里雪山是藏传佛教的朝觐圣地,位居藏区八大神山之首,俗称"雪山之神",雄壮挺拔,冰川连绵,藏族人民把它视为神山,恪守着登山者不得擅入的禁忌。

自古以来,三江并流区便是中华各少数民族辗转迁徙的走廊,是各种族群生息繁衍的大舞台,各种文化在此交汇相融,来自北方的氐羌、南方的百濮、东方的百越在这一片远离喧嚣的山水中生息繁衍,形成了傈僳、怒、独龙、纳西、藏等多种民族独特的民风民俗;最有意思的是,一家人中,相互讲话时会同时用几种民族的语言。人类和大自然这里和谐相处,在怒江、迪庆、澜沧江、丽江等地区创造了各具特色的自然和人文风采。

怒族

怒族是怒江流域的古老居民,元代典籍《元混一方车舆胜览》载:"潞江,俗称怒江,出潞蛮。"据考,潞蛮即今怒族。怒族世代散居在怒江大峡谷地带,喜欢背靠大山而聚居于山腰或山脚底下的开阔地带。

怒族人尊重自然、敬畏生命,认为万物都是上天赐予的恩惠,在自然环境中,花草树木、鸟兽这些生物和人一样,有思想、有灵魂、有喜怒哀乐,冒犯了它们,人会遭到报复。在怒江东岸的怒山中的老姆登村,有两棵古核桃树,自古村里男女老少从不敢随意靠近,有时放牧、耕地等经过时也要轻手轻脚,唯恐触怒古树上的神灵,招来不幸及灾难。

万物有灵的观念奠定了怒族先民对大自然的尊重和敬畏之情。怒族先民世代生活在怒江峡谷的高山密林之中,他们认为人的一切活动都受到各种神灵鬼怪的窥视,人们的大小灾祸、生老疾病都是各种鬼灵作祟的结果,一旦发生灾祸和疾病,就请于古苏(巫师)占卜,进行祭祀活动,祈求神灵保佑。同样地,怒族人认为是自然神灵帮助怒族人获得丰收,是自然神灵庇佑了怒族人,给予他们平安和幸福,自然万物有恩于人类。对于自然神灵给予的恩惠、帮助,怒族人以献祭、仪式、神歌以及舞蹈等不同方式表达着心中对自然神灵的感激之情。

怒族人不仅对自然神灵感恩,而且还对动物充满感恩之情。怒族人爱狗胜己,把狗当成自己的亲人一样,怒族人的生产生活离不开狗。相传是由于看家狗从天帝那里要来谷种,才使怒族人种上稻谷,吃上大米的,所以怒族人非常尊敬狗,每年秋收后第一顿食用的大米饭,总是先要喂给狗吃。如果有人打了自家的狗,这在主人看来,是羞辱了自己。狗死后,要用布包好,于山间葬之,有些家庭还要烧香,甚至痛哭,以示哀悼。

怒族先民在长期的生产和生活实践中,离不开祭祀和神歌。不论是耕种、狩猎还是灾祸、疾病,怒族先民都需要举行祭祀,请于古苏用神歌与各神灵进行沟通交流,祈求神灵的保佑和怒族村寨的平安幸福。怒族神歌是怒族于古苏在主持祭祀活动时所唱的祭词,属民间口传文学的范畴。在怒族原始宗教发育期,万物有灵,人与鬼同生同存,鬼神支配人,人又依赖于鬼神。怒族神歌便产生于怒族先民对自然力认识不足而对语言的魔力又非常崇拜的这一特定时期,即幻想用神歌灵语去取悦鬼神,指令鬼神,以达到驱邪消灾、求吉祈福的目的。神歌作为怒族传统宗教神圣祭坛的核心内容,在怒族民间受到尊崇并得以保护和流传。

《猎神歌》唱道:"巡视在高山上的猎神,行走在雪山的兽灵,我捧着三年前煮好的酒汁来敬你,我带着三年前养着的鸡下的蛋来敬你……我用美酒来向你交换羚牛,我用雪白的鸡蛋来向你交换羚牛,我不是空手来向你要。"千百年来,怒族人怀着崇拜自然、敬畏生命的心情,走进山林,用美酒、鸡蛋来向猎神交换羚牛,用怒族神歌与自然和动物神灵进行精神情感的交流,表达内心的感激和谢意,维护着人类与自然的平和。

傈僳族

傈僳族是一个古老的民族,其族称最早见于唐代,并沿用至今。有关历史资料记载,傈僳族在战国时期属氐羌,秦汉时期为"叟""濮",魏晋时期为乌蛮、顺蛮,唐代因本民族内部称谓趋于统一,始称"栗粟"(唐代樊绰《蛮书》卷四),即傈僳族。

傈僳族人生活在高山峡谷地带,依山而居的环境造就了他们山地造房的本领。"千脚落地"式房屋是傈僳族人建筑的重要代表,也是傈僳族竹文化的生动体现。整个房子不用一枚钉子,全是不易腐烂又坚固的木料,或者竹竿、竹片等搭建,这是傈僳族人民在长期的自然环境中的选择和适应。因房屋的建筑材料大都为竹子,故又名"竹楼"。竹作为房屋建筑主要用料,充斥整个房屋主体的方方面面,甚至"不瓦而盖,盖以竹;不砖而墙,墙以竹;不板而门,门以竹。其余若椽、若楞、若窗牖、若承壁,莫非竹者",很多结构用料皆可以用竹来代替其他建筑材料。《唐书·南平獠传》载:"多瘴疠,山有毒草、沙虱、蝮蛇,人楼居,梯而上,名曰干阑。"宋代周去非《岭外代答》称:"上设茅屋,下豢牛棚。棚上编竹为栈,下施椅桌床榻。"这都是历史上关于干栏式竹楼的记载。

竹不仅是常用的建筑材料,还作为傈僳族人民穿戴的装饰品,成为傈僳族服饰文化的重要组成部分。上至男子篾笆包头,下至"麻竹其尼"竹麻草鞋,以及男子腰间佩带的长刀、竹弹弓、箭弩等,都是傈僳族穿竹、戴竹的体现。傈僳族是一个能歌善舞的民族,用竹子制作乐器体现了傈僳族人对美好事物的追求,也是他们智慧的展现。傈僳族的竹制乐器主要有口弦、葫芦笙、笛子、三弦、二弦、直箫、琵琶、二胡等。

民歌被傈僳族视为第二语言。傈僳民歌自成风格,大体可分为古歌、情歌、祭歌、赛歌、颂歌、葬歌等形式。听傈僳族唱歌,会使人感觉有一种内在的深厚力量,这与傈僳民歌演唱的独特技巧有关:唱短音符时常大量应用颤音,唱长音则唱得平直朴素,音色浑厚低沉,仿佛每一个音符都演唱着这个大山民族的生命。傈僳民歌飘过一个时代又一个时代,传唱在高黎贡山和怒山峡谷。20世纪初,基督教传入怒江,由于唱赞美诗与唱傈僳民歌有着异曲同工之妙,基督教在怒江,特别是在广大傈僳族地区得以迅速传播。随着信教民众的增多,他们在演唱时对傈僳民歌的曲韵进行了艺术加工,配以赞美诗作歌词,并用民族乐器伴奏,形成了一种新的艺术演唱形式,注入了傈僳族对精神文化的新的追求。

在傈僳族的传统习俗中,最有趣的莫过于饮"同心酒"了。"同心酒"亦称"合杯酒""双边酒"等,是指两人同捧一筒酒,相互搂着对方的脖子和肩膀,一起张嘴,仰面同饮的饮酒习俗。饮同心酒,一般不分男女,亲朋挚友或恋人之间均可进行。此外,傈僳族有些习俗很特别,比如他们使用的自然历,借助花开、鸟叫等,把一年分成花开月、鸟叫月、烧山月、饥饿月、采集月、收获月、煮酒月、狩猎月、过年月和盖房月等十个季节月。

独龙族

独龙江发源于西藏察隅县境内,藏语叫"美尔东曲",作为"三江并流"的核心区之一,是除了人们熟知的金沙江、澜沧江、怒江之外而独立存在的,它是位于"三江并流"最西部的江河,被称为"第四江"。全长250公里,流域面积1947平方公里,因中国56个民族之一的独龙族世居于此而得名。生活在独龙江畔的独龙族大约有4000人,是中国56个少数民族中人口最少的民族之一。汉文史籍中关于独龙族的记载最早见于唐朝樊绰的《蛮书》："南诏特于摩零山上筑城,置腹心、理寻传、长傍、摩零、全弥城等五道事云。凡管金齿、漆齿、绣面、雕题、僧耆等十余部落。"其中,"僧耆"指的就是独龙族的先民。河流上的竹溜索、山间的茅草屋、绚丽多彩的独龙毯、充满野性的剽牛祭,神秘的纹面女……关于独龙族,一切都那么神秘而遥远。

原始社会的独龙族认为天地间万物都是有知觉、有灵魂的,认为人的生老病死、贫富祸福都由"万物之灵"来主宰,从而产生了各种各样的畏惧与崇拜。万物灵魂也有善恶的两面,恶的灵魂会骚扰侵害人们的安全,有人生病受伤、做事不顺,甚至夜间小孩哭,他们都认为是有鬼魂作祟所致,于是这些观念便形成了独龙族传统文化中最重要的一个组成部分——占卜。独龙族人十分盛行占卜巫术,根据不同的事,选择不同的占卜方式,来预知祸福得失,探知凶吉。

在独龙族的文化习俗中,曾经有一段女子蝴蝶式纹面习俗的历史,即在女子白净的脸上文上一条条的花纹,该花纹宛似一只展翅欲飞的蝴蝶。独龙族女人纹面,是独龙族最具标志性的文化特征之一,是独龙族传统文化的体现,具有独特的形式特点和极为珍贵的文化含义。而关于蝴蝶变形图案的纹面习俗的真正原因,学者们众说纷纭,莫衷一是。一说是独龙族对图腾的膜拜是选择蝴蝶作为纹面图案的原因,独龙族人对蝴蝶是崇拜而且向往的,希望人死后的亡魂能够变成一只蝴蝶,自由自在地飞翔,不必再忍受生前的饥饿之苦。因此,蝴蝶在独龙族人的心目中占据着重要的位置,成为独龙人灵魂的寄托,族人把蝴蝶当作亲人一样呵护,曾禁止捕杀蝴蝶。对蝴蝶的崇拜,对美丽生灵的追求,是独龙族女性选择将蝴蝶图案纹在脸上的原因。二说是,弱小的民族总是受到豪强的掠夺,少女们为了躲避被抢走的命运,就在自己的脸上刺上图案,于是纹面就逐渐成为一种罕见而独特的习俗。

独龙族唯一的节日"卡雀哇"也就是过年。独龙族的妇女们会在节日到来时将独龙毯系在竹竿的尖上,以示节日来临。除了举行一些饮酒欢聚的活动以外,最隆重的是"剽牛祭天"仪式。传说独龙江地域曾流行过一场瘟疫,人们恐惧万分,便请巫师打卦问卜。测试的结果是因为人类过上了太平的日子,而忘记了向各位神灵进献贡品,天神因此发怒便降下了这场瘟疫。于是人们急忙献粮献酒,并拉出几头牛"剽牛祭天"。人们敲打铓锣,跳起舞蹈,经过几天几夜的狂舞,终于感动天神收回了瘟疫。"剽牛祭天"的仪式也就传承了下来,独龙人通过这个仪式祈求上天保佑,让生活在这块土地上的独龙族人们吉祥如意,人畜平安,五谷丰登。

藏族

迪庆藏族自治州,位于云南省西北部,滇、藏、川三省区交界处,是云南省唯一的藏族自治州。"迪庆"是藏民族对金沙江北岸高地的称呼,意思是"吉祥如意的地方"。怒江、澜沧江、金沙江三条大江犹如三把利剑,将迪庆高原深深切割。这里地势高峻,是雪山最集中的地方,梅里雪山、白茫雪山、巴拉格宗雪山、香格里拉雪山、哈巴雪山等等均居于此,大约90％的土地处于海拔 3000 米以上的高寒地带。生活在这里的藏族人民把巍峨的峰峦比喻为孕育生命的母亲和创造财富的巨神,他们自称是雪山的子孙,一生以雪山为伴。也许,这些祖祖辈辈在迪庆从事农业、定期放牧的藏民,正是听到了雪山的召唤,才不畏险阻和严寒,沿着澜沧江南下来到这里安家的吧。

迪庆藏族的建筑,最鲜明地体现了多元一体的文化格局。藏族传统建筑,称为纯藏式土墙碉楼。这种建筑四面春土为墙,楼分多层,底层喂养牲畜,二楼住人,三楼堆放杂物,顶部为土掌平台,便于晒粮、打粮。碉楼三面多窗,采光面广,门窗上端彩绘斗拱作檐,风格别致,远望犹具特色。

迪庆首府中甸,那里有澄清的蓝天、漫天开放的杜鹃和神秘幽静的藏传佛教寺院,远处的雪山熠熠生辉,是"三江并流"风景区的一颗明珠。从中甸向北望去,在宽阔的草原尽头,群山之间,有一座集镇规模的建筑群,极高处的屋顶上有鎏金铜瓦熠熠放光,夺人眼目,这片近乎古堡群的建筑,就是松赞林寺。藏族是一个普世信仰的民族,每年都会有大批的朝圣者带着对神灵无比的崇敬来到这座有"彩云之南的小布达拉宫"松赞林寺诵经或朝拜。

位于中甸的东南边,有一座"建在石头上的城堡"独克宗,已有1300多年历史,曾是茶马古道的重要驿站,也是如今藏区藏式民居保存最完整的古城之一。古城的布局,不像其他普通镇子那样密集。它宽容,空旷,一如想象中的自由。生活在这里的藏族极为朴实,他们日出而作,日落而息。大自然是一个最佳的游乐场,孩童在收成后的田野上尽情嬉戏,由土地学来的,正是藏族人朴素忠厚的个性;而成年人则顺应四季,辛勤工作,在难得的清闲生活中,全家人一起浸泡温泉,闲话家常,在与大自然进行真诚的物质和精神交换中,他们自得其乐,过着与世无争的平静生活。

三江并流地区不仅为多姿多彩的民族提供繁衍生息的栖息地,还被誉为"世界生物基因库"。由于"三江并流"地区未受第四纪冰期大陆冰川的覆盖,加之区域内山脉为南北走向,因此这里成为欧亚大陆生物物种南来北往的主要通道和避难所,是欧亚大陆生物群落最富集的地区,拥有北半球绝大多数的生物群落类型。这里有高等植物1200余属,6000

种以上；哺乳动物173种，鸟类417种，爬行类动物59种，两栖类动物36种，淡水鱼76种，凤蝶类昆虫31种。它以仅占中国国土0.4%的面积而容纳了中国20%的高等植物和全国25%的动物种数。目前，这里海拔3800多米以上的区域内栖息着国家一级珍稀濒危保护动物——滇金丝猴和羚羊、雪豹、孟加拉虎、黑颈鹤等77种国家级保护动物，以及秃杉、桫椤、红豆杉等34种国家级保护植物。

雍州

雍州的名称源于陕西境内的雍山、雍水,居九州版图的正西方。据《禹贡》记载,"黑水西河惟雍州",即雍州介于黑水与西河之间。

西河是指今山西和陕西二省之间的一段黄河,因位于古冀州之西,故史称为西河。西河作为雍州和冀州的分界线历来看法是一致的,然而古文献对"黑水"的记载莫衷一是,如《玉篇·水部》曰"澋水,浮得切,水名",《广韵·德韵》曰"澋,水名,在雍州",《重修灵台县志》载"达西河即县川之西河……",《邠州志》谓"梁山黑水者即此"。据西北师大敦煌研究所王宗元、齐有科两位学者的研究,《禹贡》雍州西界黑水,即源于陇山东麓,流经今甘肃华亭、崇信、灵台、泾川等县的黑河,本文采用此观点。

雍州的位置大致为东至黄河与冀、豫分界,西至黑水与梁州接界,北至沙漠。相当于现在陕西省关中平原、陕北地区,甘肃西北的大部分地区,青海省的东北部,宁夏回族自治区部分区域以及新疆的部分地区。

在内容的选择方面,笔者按时间顺序,首篇

选择与金字塔齐名的秦始皇陵对其进行着重介绍,这里长眠着雍州历史上的著名人物,中国的始皇帝嬴政。其次将详述作为中国古代先进文明聚集地代表的长安,以此回顾古雍州的兴盛繁华。甘肃的著名景点莫高窟、月牙泉和阳关等都是脍炙人口的人文景观,都在敦煌境内,均作为敦煌的版块呈现。最后,位于新疆罗布泊地区的楼兰古城遗迹,虽已消失千年,却是世界著名的千年古城,有"东方庞贝"之称,并且围绕楼兰未解之谜进行的科考至今还在进行,楼兰文明神秘而厚重,是雍州地区不可不提的遗迹。

地下皇城 秦始皇陵

秦始皇陵建于公元前 246 年至公元前 208 年,历时 39 年,是中国历史上第一位皇帝嬴政(前 259—前 210)的陵墓,也是中国历史上第一个规模庞大、设计完善的帝王陵寝。秦始皇陵位于中国北部陕西省临潼县城 5 公里处的骊山北麓,南依骊山的层峦叠嶂,北临逶迤曲转、似银蛇横卧的渭水之滨。陵园总面积为 56.25 平方公里。陵上封土原高约 115 米,现仍高达 76 米。陵园内有内外两重城垣,内城周长 3840 米,外城周长 6210 米。内外城郭有高约 8—10 米的城墙,今尚残留遗址。

秦王扫六合,虎视何雄哉。

刑徒七十万,起土骊山隈。

四句气势蓬勃的诗出自唐代大诗人李白的笔下,是《古风·秦王扫六合》中的一首,他对秦始皇的辉煌业绩给予肯定,同时也描述了营造骊山墓工程的浩大气势。陵园工程的修建伴随着秦始皇一生的政治生涯。当他13岁刚刚登上国王宝座时,陵园营建工程就随之开始了。陵园工程持续了39年,直至秦始皇临死之际尚未竣工。秦二世胡亥继位,又修建了一年多才基本完工。连年的征战,黎民百姓早已苦不堪言,工程浩大的阿房宫和秦始皇陵的持续修建,更如雪上加霜。公元前206年,西楚霸王项羽入关,一把大火烧毁了连秦始皇陵在内的秦宫室苑园,地面建筑只剩下夯土和瓦砾了。不过,始皇陵那高大阔绰的封土却没有被毁掉,经过2000多年的风雨侵蚀,现仍高达70多米,周长达1400余米。

自1974年国家开始挖掘秦始皇陵以来,在陵园东1500米处发现从葬兵马俑坑三处,呈"品"字形排列,面积共达2万平方米以上,出土陶俑8000件、战车百乘以及数万件实物兵器等文物。其中一号坑为"右军",埋葬着和真人真马同大的陶俑、陶马约6000件;二号坑为"左军",有陶俑、陶马1300余件,战车89辆,是一个由步兵、骑兵、战车等三个兵种混合编组的军阵,也是秦俑坑的精华所在;三号坑有武士俑68个,战车1辆,陶马4匹,是统帅地下大军的指挥部。这三个兵马俑坑内的军阵是秦国军队编组的缩影。秦始皇陵的挖掘成果一次又一次引起全世界的震惊和关注,这些按军阵编组的陶俑、陶马为秦代军事编制、作战方式、骑步卒装备的研究提供了形象的实物资料。秦始皇陵兵马俑的发现被誉为"二十世纪考古史上的伟大发现之一",秦俑的写实手法作为中国雕塑史上承前启后的艺术为世界瞩目。法国总统希拉克对它的"世界第八奇迹"的赞誉,使秦始皇陵为更多的世人所知。

骊山陵墓

中国古代文献对秦始皇的文献记载如汗牛充栋,然而对秦始皇陵的记载却屈指可数,关于葬地的选址问题,一直是近现代考古学家、历史学家不断讨论的问题。《水经注·渭水》中有这样的记载:"秦始皇大兴厚葬,营建冢扩于骊戎之山,其阴多金,其阳多玉,始皇贪其美名而葬焉。斩山凿石,下锢三泉,以铜为椁,旁行周回三十余里……"北魏地理学家郦道元认为秦始皇是贪骊山金玉之名,所以选址骊山。

"立冢安坟,须籍来山去水。"(《大汉原陵秘葬经》)依山傍水被视为最佳风水宝地。大约自春秋时代开始,各诸侯国国君相继兴起了"依山造陵"的风气。可以说秦始皇陵是"依山傍水"造陵的典范。不仅如此,还有学者发现,整个骊山唯有临潼县东至马额这一段山脉海拔较高,山势起伏,层峦叠嶂。从渭河北岸远远眺去,这段山脉左右对称,似一巨大的屏风立于始皇陵后;站在陵顶南望,这段山脉呈弧形,陵墓位于骊山峰峦环抱之中,与整个骊山浑然一体,是中国古代陵墓建造史上的经典之作。

秦皇伟业

秦始皇能够建立强大的帝国,建立光照千秋的丰功伟绩,并不是"白手起家",而是继承了前人的成果,顺应了历史的潮流。

从秦孝公到秦始皇嬴政,求贤任人是秦取胜六国的重要原因之一。秦孝公任用卫人商鞅实行变法,秦惠王任命曾频遭困辱的魏人张仪为第一任相,秦昭王时期保举了战国史上以能征善战著称的白起为将,秦始皇时期任用吕不韦,招致宾客、游士三千人,后来为秦王政统一六国做出最大贡献的丞相李斯就在其中。吕不韦组织编写的《吕氏春秋》一书可以说是当时秦统一天下的"战略性文件",李斯对六国使用"离其君臣之计",加快了秦统一的速度。值得一提的是,从商鞅到李斯,在秦国执掌国政的重臣,大都是从六国入秦而被重用的。

西汉著名的政论家贾谊曾经在《过秦论》中分析了秦能统一六国的原因:

> 秦孝公据崤函之固,拥雍州之地,君臣固守以窥周室,有席卷天下,包举宇内,囊括四海之意,并吞八荒之心。当是时也,商君佐之,内立法度,务耕织,修守战之具;外连衡而斗诸侯。于是秦人拱手而取西河之外。……及至始皇,奋六世之余烈,振长策而御宇内,吞二周而亡诸侯,履至尊而制六合,执敲扑而鞭笞天下,威振四海。

秦国版图在战国七雄中最大,拥有的是富饶之地,为秦始皇统一六国奠定了坚实的经济基础,而且雄踞西部,其南有巫山及黔中地区的高山阻断,其西有陇东高原为屏,东拥函谷关,"利则出攻,不利则入守"。秦孝公根据当时改变秦国落后状况的需要,任用卫人商鞅实行变法,使得秦国在政治、经济、军事等诸多方面都领先于其他六国,最后秦始皇登场,在前人的基础上,任用人才,使用谋略,顺应历史潮流,一举完成了统一六国的大业。

秦始皇是中国历史上第一个封建王朝的皇帝,他以宏大的政治气魄,先后兼并了战国时期的其他六国诸侯,消灭了封建割据,开创了国家统一的新局面,奠定了中国封建统一王朝的统治基础;建立和实践了中央集权制和法治制度,为封建社会的发展奠定了制度基础和政治基础;实现了货币、度量衡和文字的三大统一,促进了封建社会经济文化的发展和各民族文化的交流、融合。秦始皇的种种行动都具有开创之功,不仅推动了中国历史的进步,促进了社会的发展,其后的汉代以及各个朝代也依靠秦始皇的丰功伟绩,迅速建立起和谐、稳定、统一的多民族国家。

秦始皇13岁便继承秦国国君的王位,22岁正式"亲理朝政",39岁完成了统一中国的历史大业,50岁病死在出巡途中,结束了短暂的一生。秦始皇的万世皇帝梦破灭了,可他创建的皇帝制度、皇权意识却影响了中国几千年。

秦始皇在统一后的11年中,曾五次外出巡游。第一次是在原秦国境内巡游,其他四次巡游齐、楚、燕、赵、韩、魏等地,在邹峄山(今山东邹县)、泰山、之罘(今山东荣成)、琅邪(今山东诸城)、碣石(今河北昌黎)、会稽(今浙江绍兴)等处刻立石碑,谴责六国旧贵族的黑暗统治,歌颂始皇的统一功业,申张秦法,宣扬始皇的威德。秦始皇认为自己的功劳胜过之前的三皇五帝,与大臣议定尊号改为"皇帝",成为中国历史上第一个使用"皇帝"称号的君主,称"始皇帝"。

魂顾直道　尸游九原

秦始皇的一生充满了戏剧性,包括死亡。公元前210年,秦始皇打算走一走自己亲自规划的秦直道,计划行进至九原再折返回咸阳。不料"至平原津而病",走到平原津(即今山东省平原县),居然一病不起,他生前忌讳谈论"死"这件事,所以直到弥留之际,深感到大限临近,才肯写下玺书,让长子扶苏接任帝位,并到咸阳主持葬礼。这封玺书封缄好,还没交给使者,秦始皇就于河北沙丘驾崩了。左丞相李斯担心秦始皇的死讯泄露,导致皇太子们争权夺位,也担心虎视眈眈的蒙古军团闻风而动,天下格局变换，实在难以预料和掌控，于是决定秘不发丧，依旧每天定时送餐食到秦始皇的帷帐，蒙蔽了随行人员。这时候，玉玺和玺书都保管在中车府令赵高手中，赵高唆使随行的始皇第十八子胡亥，威胁李斯，篡改始皇遗诏，改立胡亥为太子，赐死公子扶苏。赵高、胡亥认为等到扶苏死后再回咸阳接任帝位比较稳妥，于是决定不改变巡游的计划，继续在秦直道上"游览"。

《史记·秦始皇本纪》记载："会暑，上辒车臭，乃诏从官令车载一石鲍鱼，以乱其臭。"由于正值酷暑，秦始皇的尸体已经发出腐臭了，为了掩人耳目，就买了一些盐渍鱼，以鱼臭掩盖尸体的味道。巡游车队就在直道上缓行，就在众人按捺不住的时候，终于听到公子扶苏自杀的消息，赵高等人才发布了秦始皇的死讯。秦始皇无论如何也想不到的是自己辉煌一世，而逝去得却如此凄惨。

公元前210年秋，秦始皇被草草地葬于生前精心打造的冥界帝国。

古埃及金字塔是世界上最大的地上王陵，中国秦始皇陵是世界上最大的地下皇陵。秦王朝是中国历史上辉煌的一页，秦始皇陵更集中了秦代文明的最高成就。秦始皇陵的文字记载最早见于《史记》："穿三泉，下铜而致椁，宫观百官奇器珍怪徙藏满之。令匠作机弩矢，有所穿近者辄射之。以水银为百川江河大海，机相灌输，上具天文，下具地理。以人鱼膏为烛，度不灭者久之。"这给后世留下了详尽的描述，地宫深至"穿三泉"，里面珍玩奇宝不计其数，设有暗弩，以防盗贼，墓室顶用夜明珠等绘刻了日月星宿，地面有用水银做成的百川河流，还有用"人鱼"做成的长明灯，千年不灭，这是何等浩大的工程，何等富丽堂皇。

秦始皇陵是世界上规模最大、结构最奇特、内涵最丰富的帝王陵墓之一,是可以同埃及金字塔和古希腊雕塑相媲美的世界人类文化的宝贵财富,而它的发现本身就是20世纪中国最壮观的考古成就,充分表现了两千多年前中国人民巧夺天工的艺术才能,成为中华民族的骄傲和宝贵财富。

赤县神州

千古迷梦　长安

长安是西安古称,与雅典、罗马、伊斯坦布尔并称为"世界四大文明古都",中国四大古都之一,西汉、新莽、前赵、前秦、后秦、西魏、北周、隋、唐皆建都于此,曾长期是古代中国的政治、经济与文化中心,素有"天然历史博物馆"之美誉。长安文化遗产代表了黄河流域典型的历史文化特征,以地域化的优势资源和文化原创力,形成了长安文化遗产在中国传统文化中的独特地位。

长安本是秦的"乡聚"。《史记·秦本纪》:"并诸小乡聚,集为大县。""乡聚"就是今天所说的乡村、村落。汉高祖刘邦得天下后,定都何处引起群臣争议,娄敬、张良建议说,秦旧都咸阳所在地区属"金城千里,天府之国",能"阻三面而守,独以一面东制诸侯",据其形足以保百年山河,是定都的长久之计。刘邦听从了他们的建议,命萧何在在咸阳南的长安建宫殿,移都长安。据《三辅黄图》记载:"汉高祖有天下,始都长安,寔曰西京,欲其子孙长安都于此也。"可见"长安"一名还寄托着刘邦对万世基业的期望。后来,在高祖翦除关东诸王、武帝收服匈奴等重大历史事件上,长安的确发挥出其作为帝都制内御外的作用,从长安向东,展开一幅壮阔恢弘的二百年书卷。

长安城现存城址有汉长安城遗址和唐长安城遗址。其中尤以唐长安城著名,是隋唐两朝的国都,也是当时世界上规模最大的城市和中国古代最大的都城。唐长安城是按照汉民族传统规划思想和建筑风格建设起来的城市,城市由外郭城、宫城和皇城三部分组成,面积达83平方公里。城内百业兴旺,最多时人口超过100万,显示出古代汉族民居建筑规划设计的高超水平。

唐长安城

唐代华夏统一,政治稳定,国力臻于鼎盛,唐长安城的建筑技术和建筑艺术也取得了辉煌成就。据历史记载,汉唐长安、北魏洛阳和邺城等几座古代名都,都是设计规划妥当,按照图纸施工,使众多的城坊整齐划一的排列。

儒家认为"名不正则言不顺",万事万物都必须"正名"。长安城坊的名字大部分是从儒家经典著作中提炼的表现贤者风范、君子品德的词语。如道德坊,取自《礼记·曲礼收》"道德仁义,非礼不成"中的"道德"一词;修德坊,取自《论语·述而》"子曰:德之不修,是吾忧也"中"修德"义;崇德坊,来自《论语·颜渊》"子曰:主思信,徙义,崇德也";亲仁坊,来自《论语·学而》"子曰:弟子入则孝,出则悌,谨则信,泛爱众,而亲仁";等等。如此儒化而讲究的命名方式,无疑把儒家思想固化于建筑区域之中,使其所倡导的良好道德理念深入人心,体现出古人深刻的建筑思想;同时,统治者有意识地将坊的命名与城市建筑本身联系起来,体现了其对"德治"的向往。

道家对长安城的影响同样深刻。"武周崇佛,李唐崇道",李唐王朝的统治者与道教学派创始人老子同姓,尊奉老子为"太上玄元皇帝"。故长安城规划之初,便极重视考察风水,遵循"建邦设都,必稽玄象"的象天思想,"以六爻划地、相地尝水"。长安城中设一百零八坊,每个坊都是规整而标准的长方形,在里坊的排列上,以朱雀大街为中轴,左右对称,街东与街西,里坊位置及其形制,面积的大小,都是彼此对等。这一百零八坊对应天上的一百零八星耀;南北列十三排坊,象征"一年有闰";皇城以南东西各四坊,象征着"一年四季";皇城正南的居民坊仅设东西门,不设南北门,是因为"不欲开北街泄气以冲城阙";城中建筑都是子午向,坐北朝南,帝王处北为"尊上",而群臣安南为"卑下",太极宫、大明宫体现出明显的子午定位的原则等等实例,都是道教文化在长安城中的影子。

据《长安志》记载,皇帝"出寺额一百杖于朝堂下。制云,有能修造者,便任取之",这说明在对长安城做整体规划时,统治者不仅考虑融合儒道两家本土文化,还将佛教建筑列为

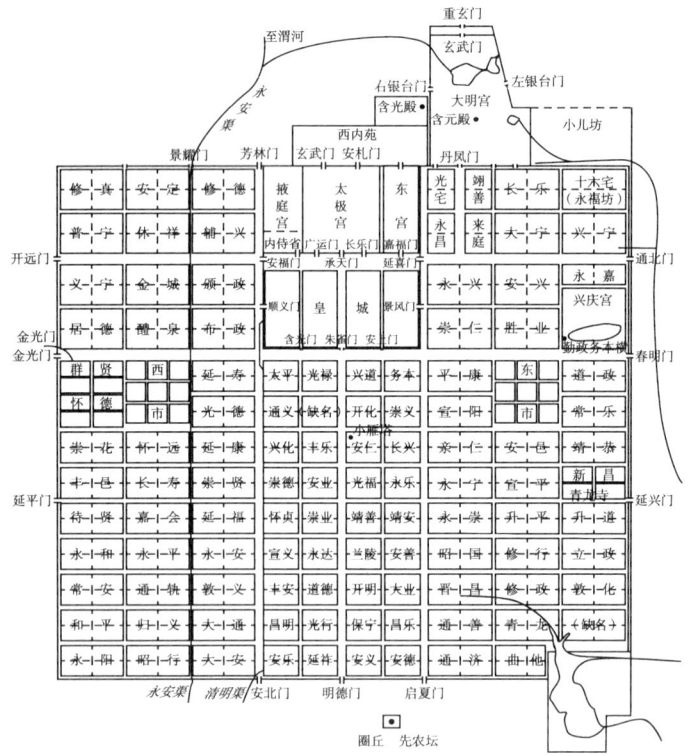

唐长安城规划图

城市建筑群体中的一部分。而且,在很多建筑的铺地花砖装饰内容上有很多如八瓣宝相团花、蔓草联珠纹等佛教样式,壁画也常采用佛教的经传、本生故事等内容,佛家的慈悲韵味在悄然间引导着人们向善好施、弃恶扬善。

整齐划一、规模空前的长安城建筑,从规划、建成到兴盛,时时处处反射着其弘扬的儒家礼仪、道家清静、释家慈悲,三教合流所形成的"合乎大道"的哲理形态,成为长安建筑文化的主流和正宗。

唐诗中的长安

长安的繁华在同时代的其他国家中很难找到类似的,汉唐帝都是王朝强大和兴盛的象征。唐代诗人骆宾王在其长诗《帝京篇》里这样描写长安:

> 山河千里国,城阙九重门。
> 不睹皇居壮,安知天子尊。
> 皇居帝里崤函谷,鹑野龙山侯甸服。
> 五纬连影集星躔,八水分流横地轴。
> 秦塞重关一百二,汉家离宫三十六。
> 桂殿嶔岑对玉楼,椒房窈窕连金屋。
> 三条九陌丽城隈,万户千门平旦开。
> 复道斜通鸤鹊观,交衢直指凤凰台。

长安地形之胜,有山河千里;城市之大,囊括五纬,横跨八水;街道纵横,三条九陌;宫殿之盛,有离宫三十六;人口之盛,有万户千门。《帝京篇》为我们勾勒出长安的气势与魅力,这自然有夸张的成分,不过长安的繁华由此可见一斑,难怪当年李白也赞道:

> 紫阁连终南,青冥天倪色。
> 凭崖望咸阳,宫阙罗北极。
> 万井惊画出,九衢如弦直。
> 渭水银河清,横天流不息。

唐太宗李世民《帝京十首》亦云:

> 秦川雄帝宅,函谷壮皇居。
> 绮殿千寻起,离宫百雉余。
> 连甍遥接汉,飞观迥凌虚。
> 云日隐层阙,风烟出绮疏。

在李白和唐太宗的眼里,长安如"霄汉"、如"天宫",这是长安都城建筑堂皇气派的写照,是千古帝王无尽的繁华与辉煌的象征。长安城如此奢华繁盛,自然吸引了很多贤才到长安来开拓眼界、登科求仕。

科举制度诞生于隋朝,完善于唐朝,是一种先进的为统治者选取优秀人才的方式,也为读书人开辟了一条仕进之路。每次科考之后,出榜看榜成为长安一道独特的风景。《登科后》为孟郊于贞元十二年进士及第时所作的七言古诗:

> 昔日龌龊不足夸,今朝放荡思无涯。
> 春风得意马蹄疾,一日看尽长安花。

诗作中,诗人的得意之情,欣喜之态,溢于言表。既然是考试,有中榜的,自然也有落第的,考场失意,千百年来都是读书人心中永远的伤痛,无数仕子在仕进之旅中尝尽辛酸。常建的《落第长安》便刻画了金榜无名的失望和痛苦,无颜归家的无奈与悲伤：

> 家园好在尚留秦，耻作明时失路人。
> 恐逢故里莺花笑，且向长安度一春。

虽然不免失落但"且向长安度一春"，还是比较洒脱的，心态并不消极。唐朝的士子们向来比较自信，"春风得意马蹄疾，一日看尽长安花"是众多唐朝仕子们昂扬精神的写照，成为每个仕子金榜题名时的梦想。长安是有抱负的青年才子倾心向往的地方，是文人仕子渴望成就事业功名的地方，从另一个侧面突出了长安的非凡吸引力。

终南山

虽说长安好，众人皆向往之，可"长安居，大不易"，不具出类拔萃的才能和千载一时的机运，立足于长安如南柯一梦。帝都长安既为名利场，近在咫尺的终南山便成为失意文人追求隐逸生活的避风港湾。

终南山位居关中腹地，山水秀美，峰峦挺拔，植被葱茏，溪谷静幽，其北近都城长安，很早即为中国先民所熟悉，以独具特色的自然人文资源，成为古人诗文创作的重要主题。对素怀山水之情，向往闲云野鹤般的自在生活的古人来说，终南山的自然、人文环境及独特的地域优势契合了传统士人隐居的各方面条件，天然就是一种吸引力，是文人骚客精神上的憩园，隐逸者避世的场所。

终南山取意为"居天地之中，帝都之南"之意（中南山），是对陕西境内的秦岭的称呼。秦岭西起甘肃，东迄河南，横亘1600余公里，群山绵延，气势磅礴，是中国中部东西走向的"龙脉"。由于正处于南北过渡地带，秦岭是传统意义上南方和北方的地理分界线,是黄河水系和长江水系的分水岭,成为南北地理、物候、文化、风俗等重要的分界线。

幽静寂寥、闲适自得的隐居生活,是隐逸者精神追求。古诗中有很多吟咏终南山隐居生活的记载,"脱巾吟永日,著屐步荒台""静言深溪里,长啸高山头",山中无拘无束、清静自由,可脱巾著屐,也可吟咏自语、山头长啸。"设罝守鼋兔,垂钓伺游鳞""平明去采薇,日入行刈薪""灵阶曝仙书,深室炼金英""客到两忘言,猿心与禅定""况我夜初静,当轩鸣绿琴""五老正相寻,围棋到煮金",可悠哉垂钓、张网捕兔,也可采药炼丹,弹琴对弈……在山中无人事之烦扰,无闾阎之喧嚣。

终南捷径

《大唐新语·隐逸》记载了这样一则故事,一个叫卢藏用的人,考中进士,但是朝廷没有给他安排合适的职位,卢藏用胸怀大志,很不甘心,便想出一个好法子。他到终南山过上了隐士的生活,这样一来,看起来淡泊名利、高深莫测,实则苦心孤诣地等待朝廷征召。皇帝在长安,他便隐居终南山,皇帝移驾洛阳,他便隐居嵩山,得到了一个"随驾隐士"的称号。

后来卢藏用终于以高士被聘,授官左拾遗,另一隐士司马承祯亦被征召而坚持不仕,欲归山,卢藏用送他,指着远处的终南山说:"此中大有嘉处。"司马承祯一语道破:"以仆视之,仕宦之捷径耳。"藏用惭愧不已,这就是成语"终南捷径"的来历。

历朝历代都有征辟之举,一些有才德之士喜欢隐居山野,高蹈不仕,但他们受到朝野推重,于是朝廷征举逸民,"野无遗贤"成为朝廷政治开明、深得民心的象征。然而,其中微妙渐为一些势利之徒所窥破,为得显位以仕进,这些人多借隐居以博美名,"终南捷径"成了古代一种特殊的隐士文化。

雍　州

　　长安不复存在,我们不用到遗址上找寻它昔日繁华的身影,因为它是如此的富强鼎盛,以至我们不能接受它遗址里颓废衰败的景象。它是中华儿女梦回大唐独一无二的选择,它是西方人眼中东方神秘古城的象征,值得中国人永久地骄傲和自豪。正因为长安如此深刻地存在于我们的意识里,我从未相信他已走远,唐朝乐队一首《梦回唐朝》,嘶吼的嗓音伴随狂躁的重金属乐器,唱出了它的时尚繁华、文明激情,唱出了它的人声鼎沸、车水马龙!引起多少男女老少的共鸣,又激发了多少中国人对长安永不磨灭的幻想!

绚烂边塞　敦煌

敦煌位于河西走廊的最西端，自公元前138年张骞通西域后，位于丝绸之路干线上的敦煌，成为东西方贸易中心和商品的中转站，是中国古代通往西方的必经之路。在这宽阔、苍凉的大道上曾经商贾云集、驼铃声声，人类的文明洒满了它厚重的沙丘、浩瀚的戈壁。

敦煌的建城史悠久。西汉初年，匈奴人入侵河西，两次挫败月氏，迫使月氏人西迁徙于两河流域（锡尔河、阿姆河），整个河西走廊为匈奴领地。汉武帝继位后，于建元二年（前138），首次派遣张骞出使西域，联络月氏、乌孙夹击匈奴。汉元鼎二年（前115），张骞二次出使西域，开通了通往西域的丝绸之路。汉武帝于元狩二年（前121）在河西设置了酒泉郡和武威郡。汉元鼎六年（公元前111年），酒泉、武威二郡分别拆置敦煌、张掖两郡。令居（今永登）经敦煌直至盐泽（今罗布泊）修筑了长城和烽燧，并设置了阳关、玉门关，保证了丝绸之路的畅通。敦煌从此成为中西交通的"咽喉锁钥"。当时的敦煌疆域辽阔，统管六县。西至龙勒阳关，东到渊泉（今玉门市以西），北达伊吾（今哈密市），南连西羌（今青海柴达木）。

在敦煌境内，不仅有举世闻名的文物宝库——莫高窟，还有大漠孤烟、边墙障、古道驼铃、清泉绿洲等多姿多彩的自然风貌和人文景观，其中鸣沙山月牙泉是敦煌诸多自然景观中的佼佼者，古往今来以"沙漠奇观"著称于世，被誉为"塞外风光之一绝"。敦煌地处国际商路——丝绸之路的主要通道上，从丝绸之路出河西走廊，敦煌是必经之地；从敦煌到葱岭，它是丝绸之路中段的起点；从长安到敦煌，它又是丝绸之路东段的终点。如果把守住了敦煌境内的玉门关和阳关，就等于切断了丝绸之路，所以史学家说，"敦煌是丝绸之路的总枢纽"。

莫高窟

莫高窟，也称千佛洞，开凿于鸣沙山东麓的断崖上。据唐武周圣历元年（698）碑文记载，前秦建元二年（366），一个名叫乐僔的和尚在莫高窟开凿了第一个洞窟，从那时起莫高窟的营建历史便开始了，并不间断地开凿，一直延续到元代。"莫高窟"这个名称最早出现在隋代洞窟第423号洞窟题记中，其名称的由来莫衷一是，大概有三种说法：其一，由于莫高窟开凿于沙漠的高处而得名，在古汉语中"沙漠"的"漠"和"莫高窟"的"莫"是通假字；其二，藏经洞出土文书和许多唐代文献都记载，唐代沙洲敦煌县境内有"漠高山""漠高里"，据考证，鸣沙山在隋唐也称漠高山，因此莫高窟是以附近的乡、里名称命名的；其三是说在梵文里"莫高"之音是解脱的意思，"莫高"是梵文的音译。

莫高窟保存至今有洞窟的崖面全长170余米，依照洞窟分布情况可分为南北两区，南区长1000余米，北区长70余米，在已编号的492个洞窟中，除第461—465窟分布在北区外，其余洞窟均开凿于南区。在这些已编号的洞窟中，保存着绚丽的壁画4500多平方米，其中许多壁画虽经千百年的漫长岁月却依然满壁生辉，光彩照人。此外，还有多姿多彩、栩栩如生的塑像2415身。如果用这些壁画、塑像布置成高度为1米的画廊，长度可延绵45公里。

在莫高窟众多洞窟中，有一个洞窟十分引人注目，那就是名扬世界的藏经洞。藏经洞由道士王圆箓于光绪二十六年(1900)于不经意间发现,在藏经洞内被幽闭了90年之久的数万件经卷、文书、绣画、法器等稀世珍品的重见天日,震惊了世界学术界,引起了国内外专家学者们的广泛注意,从而促成了一个新的学科——敦煌学的产生。经过中外学者几代人近一个世纪的潜心研究,已取得了许多重要的研究成果,仅出版的有关敦煌学的专著杂志就多达70余种,敦煌学已成为当今世界上的一门显学,敦煌莫高窟也因此蜚声海内外。

莫高窟的壁画、塑像,不同程度地反应了我国从4世纪到14世纪不同时代的社会、生活、建筑、艺术、民族风情、宗教信仰、中外交往等情况。莫高窟与河南洛阳的龙门石窟,山西大同的云冈石窟并称我国三大石窟,而莫高窟独以它创建年代之久、建筑规模之大、壁画数量之多、塑像造型之多、保存之完整、艺术价值之博大精深而闻名天下,也因是世界上连续开凿时间最长、规模最大、保存最完好的佛教艺术宝库之一而享誉国际。莫高窟这样的中华民族的艺术瑰宝,早在1961年就被国务院公布为第一批全国重点文物保护单位,又于1987年被联合国科教文组织列入世界文化遗产清单加以保护。

月牙泉

月牙泉位于甘肃敦煌市区以南约5公里,东西长300余米,南北宽50余米,平均水深5米。月牙泉水如翡翠般清静,泉的形状酷似一弯新月,故名"月牙泉"。它与周围的鸣沙山相映成趣,漫漫黄沙与碧水清波共存一处,融为一体,形成了奇异的地理风貌,实为沙漠景观中的一大奇迹,可谓"山以灵而故鸣,水以神而益秀"。作为浩瀚沙海中的奇妙景观,月牙泉和莫高窟一样,令人叹为观止。

月牙泉传说

关于月牙泉,有很多神话传说。有一种说法是:敦煌附近有一座香火旺盛的雷音寺,一次寺里举行浴佛节,当进行到"洒圣水"这一环节时,方丈端出一碗圣水,放在寺庙门前。忽然,一个邪恶的术士挥剑作法,黄沙铺天盖地席卷而来,顿时把雷音寺掩埋了起来。可是,那碗圣水却未进一颗沙粒。术士又施法朝碗内填沙,直至碗的周围形成了一座沙山,但圣水碗还是安然如故。据说,这碗圣水是佛祖释迦牟尼赐予雷音寺的宝物,后来,圣水喷涌而出,形成了月牙泉。

有关月牙泉的文字记载,最早见于东汉时期的辛氏《三秦记》:"河西有沙角山……又山之阳有一泉,云是沙井,绵历千古,沙不填之。"沙角山对应着如今的鸣沙山,沙井则是月牙泉的古名。敦煌春、夏、冬三季多风,小风扬尘起土,大风则飞沙走石,月牙泉四面被鸣沙山环抱,流沙与泉之间仅相距数十米,但鸣沙山和月牙泉"山泉共处,沙水共生",千百年来的流沙并没有将泉水掩埋。

月牙泉水碧水粼粼,泉边白杨树亭亭玉立,沙枣花香袭人,丛丛芦苇摇曳,对对野鸡飞翔,风景如诗如画。月牙泉水不涸不腐,鸣沙山山体不变,是因为月牙泉地区独特的地形运动造成的。沙漠上的大风沿着月牙泉周围的山坡做离心上旋运动,把山坡下的流沙刮上山顶,抛向山峰的另一侧,于是月牙泉周围山上塌下来的沙子又被送到四面的鸣沙山脊上,从而不往下流,这就是泉水不为黄沙掩埋的道理。而且此处地下潜流较多,形成诸多泉眼,聚而成池,池水得到源源不断的补给,得以不枯不竭。自然环境的鬼斧神工,使得沙山和泉水保持着矛盾而又和谐的天然共生共存状态,尽管风啸沙汐,但月牙泉依旧像一面明镜,一往情深地映射着鸣沙山。

玉门关与阳关

从敦煌向西进发,可以亲临两座古往今来驰名中外的雄关隘口。一座是阳关,另一座是玉门关。约在公元前116年,西汉王朝为抗击匈奴,经营西域,在河西走廊以西修筑了长城,同时修建的还有玉门关和阳关。玉门关是丝绸之路通往北道的咽喉,阳关是丝绸之路通往南道的关塞。说到这两处关塞的名字,马上会让人联想到两首脍炙人口的唐诗:王之涣的《凉州词》:

> 黄河远上白云间,一片孤城万仞山。
> 羌笛何须怨杨柳,春风不度玉门关。

王维的《渭城曲》:

> 渭城朝雨浥轻尘,客舍青青柳色新。
> 劝君更尽一杯酒,西出阳关无故人。

两首诗中悲壮苍凉的情绪,引发了我们对这两座古老关塞的向往。特别是王维的《渭城曲》,引起了唐代文人墨客的普遍共鸣,此诗在历代广为传播,后被词家、琴师和歌者不断修改补充而谱入乐府,当作礼宾宴送歌曲。出于情绪上的需要,吟唱时末句往往要重复三遍,一唱三叹,声声不绝,故后世惯称之为《阳关三叠》,传唱至今。古往今来,文人墨客每每咏唱起这首乐府名曲,总是百感交集,悲叹不已:唐代诗人白居易有"相逢且莫推辞醉,听唱阳关第一声"的诗句,李商隐曾有"红绽缨桃含向雪,断肠声里唱阳关"的诗句,唐末诗人陈陶也有"歌是《伊州》第三遍,唱着右丞征戍词"的诗句。可见,它在唐代就已经是很有影响的一首名曲。

  在古代,阳关与玉门关,如两把锁钥对峙在中原通往西域各地的丝绸之路上,直至近现代,仍然是连接内地和新疆以及中亚西亚各国的重要国际通道。不知有多少僧侣、商贾、兵戎、游客借助于此,才步入神奇的戈壁大漠、雪山草原。这里遗存着张骞、班超的战马足迹,法显、玄奘求法取经的脚印,细君、解忧公主远嫁联姻的车辙,亦镌刻着纪晓岚、林则徐谪贬边陲仍为民请命的事迹,左宗棠、刘锦棠挥师西进收复新疆的不朽历史功勋……这些可歌可泣的英雄人物、历史事件都随着时光岁月销蚀,只有古老苍凉的阳关和玉门关是忠实的见证者,依旧诉说着这些古老的故事和传说。

  曾经这是一片被戈壁和沙漠充斥的世界,到处是荒无人烟的萧条景象,曾几何时,丝绸之路上的脚印密集起来,莫高窟里叮当作响,关隘上的守卫遥望远方,驼队都聚在月牙泉边上,吆喝声、驼铃声、谈笑声,好不热闹。在这些人里,有的是走丝绸之路的商人,有的是佛学书画的大师,有的是镇守边塞的士兵……如今,他们的身影都被吹散成大漠里的一粒沙,成为敦煌永久的记忆。敦煌文化在这片金灿灿的沙漠里被映耀得绚烂,倒映在月牙泉的湖水中,摇曳在无尽的戈壁滩里。

赤县神州

东方庞贝　楼兰古城

1900年3月的一天,瑞典著名的探险家斯文·赫定在罗布沙漠中缓慢前行。此时的探险队已艰难行进了20公里,人和牲口都疲惫不堪。突然,有队员发现用来装冰水的皮袋漏了,水已经所剩无几,这对在沙漠中的探险者来说是致命的打击。于是赫定决定停止行进,就地掘水,补充供给。可谓祸不单行,随行唯一的一把铁铲也不见了。这可是性命攸关的东西。根据大家的回忆,赫定派向导艾尔迪克返回昨日露宿的破房子寻找铁铲。艾尔迪克不仅带回了铁铲,还在途中偶然发现了被沙尘暴揭开的半埋在沙土中的几块雕刻美丽的木板,甚至还有几枚古中国钱币。当斯文·赫定看到这些艺术雕刻物和钱币时,按捺不住心中的激情喜悦,因为他即将发现的是在沙漠之中被禁锢千年的楼兰遗迹。

斯文·赫定

楼兰的发现是20世纪初探险者考察的重大成果,震惊中外学术界。一个世纪期间,围绕楼兰的历史、文化、人种、地理、生态、环境等诸问题的讨论,滔滔不绝,潜心研究的专著不断刊布。由于楼兰处于丝绸之路上的重要节点,它的发现和研究不但积极推动着丝绸之路学的发展和研究,同时也使对楼兰本身的研究成为一门新兴学科——楼兰学,从而跻身世界学坛,研究热潮与丝绸之路学研究一样,方兴未艾。

正如斯文·赫定在《亚洲腹地旅行记》中所记录的:"那时的我简直有点兴奋过头了,一厢情愿要回到那里去。……艾尔迪克忘记了铁铲,这真是一种运气,不然我将永远回不到古城,永不会做到这样大规模的发现,这个伟大的'忘记'给中亚的古代史投下了崭新的、意想不到的光辉。"

罗布泊

罗布泊位于我国新疆维吾尔自治区东南部,海拔780米。罗布泊被誉为"地球之耳",被叫作"死亡之海",又名罗布淖尔。公元330年以前湖水较多,曾是中国第二大咸水湖,西北侧的楼兰城为丝绸之路的咽喉,之后由于气候变迁及人类水利工程影响,导致上游来水减少,直至20世纪70年代末完全干涸,现仅为大片盐壳。

楼兰的命运与罗布泊是息息相关的,正因为有了罗布泊的滋润,才有楼兰的兴盛,随着罗布泊的干涸,楼兰也逐渐消亡。对"楼兰"名称的来历,有一说便是来自罗布泊,罗布泊古时又名牢兰海,楼兰是牢兰的谐音。

在罗布泊地区,有一种特殊的地貌形态——雅丹地貌,很少为世人所知,而它的魅力却丝毫不亚于吸引了万千游客的许多世界名胜。作为"干旱王国"的新疆,风力对地貌的塑造具有特殊的意义。雅丹、龙城、魔鬼城等特殊地貌类型就是风的杰作。雅丹,又名"雅尔丹",是维吾尔族对"陡壁的险峻小丘"的称呼,这种地形在罗布泊周围的雅丹地区发育得最典型,分布面积最广。瑞典探险家斯文·赫定在赴罗布泊地区考察时,在撰文中采用了这个词汇,于是,"雅丹"一词就成了世界上地理学和考古学的通用术语,专指干燥地区的一种特殊地貌。

雅丹地貌犹如楼兰王国的层层防线，使探险者不胜颠簸、跋涉之苦。在罗布泊古湖盆地东北部有一片风蚀最强烈的地区，土丘高峻似城廓宫阙，其形似龙伏卧，所以古书《水经注》中形象地称之为"龙城"。进入"龙城"，沟回路转，到处是高耸的土丘，同行之人相隔在土丘间，闻其声不见其人，就像进入了一座迷宫，使人飘然不知所在。

在罗布泊的雅丹地貌以外，是一片沙漠，由于强劲的东北风像一把巨大锐利的铁梳子，年复一年地吹刮着地面，形成了独特的羽毛状沙垄。《西游记》中唐僧赴西天取经，收服沙僧的流沙河就在这里。《大唐西域记》中也有记载，当唐玄奘取经归来时，途经楼兰，看到的已然是"城郭岿然，人烟断绝""国久空旷，城皆荒芜"的颓败景象了。

而关于楼兰古城从塞外绿洲到沙漠空城的原因，一般认为是由于人为原因，而客观的成因众说纷纭，其中有一种能够得到认可的说法是：塔里木河下游河床被淤塞，和孔雀河一并改道，使流入罗布泊的水量逐渐减小，楼兰也从一个"水大波深必泛"，必须要乘船渡河的水乡，逐渐变成一个需要挖"大涿池"蓄水，以供城内的居民使用的城市。再以后，干旱进一步加深，自然环境日趋恶化，楼兰绿洲因为得不到灌溉，草木枯死，楼兰的居民便只好远走他乡，寻找新的家园去了。

楼兰过往

当罗布泊还是一片汪洋大海的时候，楼兰则是一个塞外水乡，位于塔里木盆地的罗布泊沿岸，因地处古丝绸之路而声名显赫，十分富饶。楼兰国力最盛时期，疆域辽阔，东起古阳关，西至塔克拉玛干沙漠南缘的尼雅河畔，南自阿尔金山，北到哈密。两千年前，这里是丝绸之路南北贯通、东西交会的重要交通枢纽，在繁华时，肩负着丝路迎来送往、补给物料的重任,丝绸之路的南北二道在相当长的时期内就是以楼兰为界而分的,且楼兰处于"西当焉耆、龟兹径路,南强鄯善、于阗心胆,北扞匈奴,东近敦煌"(《后汉书》卷四十七《班梁列传》第三十七)的战略位置,汉朝、匈奴以及周围一些游牧民族国家,经常为争夺楼兰进行厮杀,都竭尽心思要将楼兰收入囊中。

诗人王昌龄的《从军行》诗云:

青海长云暗雪山,孤城遥望玉门关。
黄沙百战穿金甲,不破楼兰终不还。

公元前7年,汉朝开始在这里屯田,楼兰成了新疆较早经营农业的兴旺绿洲。到了唐朝,楼兰常出现在边塞诗里,往往变为"边远"的同义词。大诗人李白作《塞下曲》高吟:

五月天山雪,无花只有寒。
笛中闻《折柳》,春色未曾看。
晓战随金鼓,宵眠抱玉鞍。
愿将腰下剑,直为斩楼兰。

边塞诗人岑参的《献封大夫破播仙凯歌》写道:

官军西出过楼兰,营幕傍临月窟寒。
蒲海晓霜凝马尾,葱山夜雪扑旌竿。

从这些诗歌的记载中不难看出,楼兰地区似乎与战争颇有些"缘分",事实也是如此。公元前126年,张骞出使西域归来,向汉武帝报告西域见闻,称"楼兰、姑师(今吐鲁番一带)邑有城廓,临盐泽"。当汉武帝听了张骞在西域的所见所闻后,异常欣喜,因为西域的大宛马品质优良,适合武装大汉帝国的骑兵。于是就在张骞返回中原不久之后,汉武帝就迫不及待地多次派遣使者前往大宛、康居一带购马,而楼兰则在汉王朝的威迫下担负了为汉使提供食宿以及粮草的繁重任务。楼兰虽然富饶,但势力却不大,不敢得罪汉人,也不敢得罪匈奴,所以总是在汉朝与匈奴两大势力之间,巧妙地维持着政治生命。公元前77年,楼兰王安归在匈奴唆使下,几次攻杀汉使,掠夺财物,这使得西汉皇帝非常恼火。于是,公元前7年,汉朝大将军霍光特意派遣傅介子到达楼兰,刺杀楼兰王,另立楼兰王的弟弟尉屠省为王,国都南迁,更国名都善,维护了丝绸之路的畅通。

傅介子刺杀楼兰王

傅介子是西汉时期的勇士、著名外交家。《汉书·傅介子传》记载了他刺杀楼兰王的传奇故事。

昭帝时,西域龟兹、楼兰均联合匈奴,杀汉使官,掠劫财物。傅介子请求出使大宛,以汉帝诏令责问楼兰、龟兹,并杀死匈奴使者,返奏被任为平乐监。傅介子对大将军霍光说:"楼兰、龟兹国多次反覆无常却没有受到谴责,不能用来惩戒他国。我经过龟兹时,他们的王离人很近,容易得手,我愿前去刺杀他,以此树立威信告示各国。"霍光说:"龟兹国路远,暂且去楼兰试验此法。"于是就上奏汉昭帝派遣傅介子前去。

傅介子和勇士们到了楼兰后,对翻译说:"汉朝使者带有黄金锦绣巡回赐给各国,大王如果不来受赐,就要离开到西面的国家去了。"楼兰王贪图汉朝财物,于是款待使者,酒过三巡,傅介子对楼兰王说:"天子派我来私下报告大王一些事情。"楼兰王起身随同傅介子进入帐幕中,两人单独谈话,两个壮士从前后刺杀楼兰王,刀刃在胸前相交,楼兰王立即死掉了。傅介子告谕楼兰的王公大臣说:"楼兰王有罪于汉朝,天子派我来诛杀他,应改立以前留在汉朝为人质的太子为王。汉军刚到,你们不要轻举妄动,一有所动,就把你们的国家消灭了!"各王公大臣见安归已死,汉朝大兵压境,反抗只会丢了性命,只得默认了这个事实。

傅介子带着楼兰王的首级回京交旨,公卿、将军等都称赞他的功劳。汉昭帝于是下诏令说:"平乐监傅介子拿着符节出使,诛杀了楼兰王安归,把他的头悬挂在北面的城楼上,以正直之道回报有怨恨的人,没有劳师动众。封傅介子为义阳侯,赐给食邑七百户。士兵中刺杀楼兰王的都补官为侍郎。"

东汉大将班超曾投笔叹曰:"大丈夫无它志略,犹当效傅介子、张骞立功异域,已取封侯,安能久事笔研乎?"班超立誓以傅介子、张骞为榜样,并创造出"不入虎穴、焉得虎子"的典故。

楼兰古迹

一个世纪以来,楼兰一直是中外考古学家憧憬的神秘之地。楼兰是古时西域三十六国之一,从公元前116年至公元630年,共有700多年的历史。斯文·赫定发现楼兰旧址后,在这里发掘出了大量文物,包括钱币、丝织品、粮食、陶器、36张写有汉字的纸片、120片竹简和几支毛笔,引发了一个时期的考古热。各国考古学家、地理地质学者、探险队纷至沓来,在楼兰古城周围发掘出各个时期的石器、木器、陶器、铜器、玻璃制品、古钱币等等,文物品类之丰富、价值之高,震惊了世界。

在楼兰古城出土的各种文物中,以汉锦和晋代手抄《战国策》最为珍贵。汉锦大约制作于公元1—2世纪,做工精细,色彩绚丽,并绣有文字,如"延年益寿""昌乐光明"等吉祥文字。而晋代手抄《战国策》,其所用纸张比欧洲人最早的纸张都要早六百余年。以斯文·赫定为代表的探险家们,称楼兰是一个湮没在沙漠中的宝地,是遗落在历史角落的博物馆,是"沙漠中的庞贝城"。

1980年,在罗布泊孔雀河下游的铁板河三角洲地区,出土了一具保存完好的女尸,被世人称为"楼兰美女",震惊国内外。经测定,距今已有3800多年的历史。她的脸庞不大,下颚尖圆;睫毛高挑,清晰可数;长发微卷,垂散肩后;头顶则蜷压在尖尖的毡帽中。更为引人注目的是,几根色彩斑斓的翎羽别致地分插在帽顶左右。她的随葬品十分简陋:勉强可以遮身的粗陋毛布、千缝百补的短腰皮靴。种种迹象表明,这是高加索人种所具有的明显特征。作为东亚与西亚、欧洲大陆交通联络的重要通道,罗布泊留下了民族大迁徙的痕迹。

古今中外,人类墓穴的形式大致相同,然而,就在"楼兰美女"的发掘地,我国考古学家侯灿、王炳华发现了一种别致的太阳墓。经鉴定,同"楼兰美女"一样,太阳墓已有3800年之久。古墓有数十座,每座都是中间用一圆形木桩围成的死者墓穴,外面用一尺多高的木桩围成七个圆圈,并组成若干条射线,呈太阳放射光芒状。在已发现的数十座墓葬中,成材圆木达一万多根,数量之多,令人咋舌。

公元3世纪,楼兰曾颁布过一纸法令:"连根砍树者,不管是谁都罚马一匹","在树的生长期,应防止砍伐。如果砍伐树木大枝,则罚牦牛一头"。这条法令是面对已严重沙漠化的环境,楼兰统治者不得不采取的保护性措施,大概也算是我国最早的一部森林保护法了。然而,古代楼兰人并没有因此而躲过大自然的惩罚。广袤三百里的罗布泊消失了,盛极一时的楼兰古国也无声无息地退出了历史舞台,熙攘往来的丝绸古道凋零败落、黄沙满途,不知所在了。楼兰,被无边无际的茫茫沙流、蜿蜒起伏的风蚀堑沟、遍布湖盆的崛起盐壳、高耸林立的片片雅丹紧紧包裹、封锁起来,留给人们的是诸多未解之谜。

结　语

中国人崇尚"读万卷书,行万里路"。每当新一年的国家法定节假日安排出炉,人们便开始精心计算,如何利用带薪休假和周末,将假期延长。每当假期临近,大家更早早地搜索旅游攻略,研究旅游目的地的吃穿住行,以便安排合理的行程。随着社会的进步,先进的现代交通工具为人们提供了更多出游目的地的选择,不仅可以游览祖国的风景名胜,还可以出国去领略异域风光——相比古人来说,"行万里路"在今天已经不难实现。

早在三皇五帝时期,便有关于帝王巡游的记载,如《史记·五帝本纪》记载,黄帝击败炎帝之后便巡游天下,"东至于海,登丸山,及岱宗;西至于空桐,登鸡头;南至于江,登熊、湘;北逐荤粥,合符釜山,而邑于涿鹿之阿,迁徙往来无常处……"后来的尧、舜、禹也有巡游的记载,在本书中有或详或略的介绍。可见,巡游是中国旅游的最初模式。旅游从帝王的出巡视察,逐渐发展成为文人墨客、寻常百姓都喜闻乐见的活动。如果说现代人更倾向于"行万里路"式的休闲放松、游览观光型旅游,那古代人就更崇尚"读万卷书"式的旅游,将它当作一种求知的方式,一种自我修养的途径,一种使身心与自然交融、充满浪漫情怀的文学之旅。

我国古代伟大的思想家、儒家学派创始人孔子就曾周游诸侯列国,他认为只有"志于道,据于德,依于仁,游于艺",才能成为真正的"君子"。当他"登东山而小鲁,登泰山而小天下"的时候,从登山的艰难与喜悦以及登高望远的所见中,领略到了山水的无穷、人生的有限,激起了仁者入世、"任重而道远"的情怀。在中国文化中占有重要地位的道家思想,更加崇尚自然,豪迈奔放,潇洒浪漫,也更提倡在旅游中发现自然美。如道家学派的重要代表人物庄子,就曾"登高山,履危石,临百仞之渊",感悟"天地与我并生,万物与我为一",提出"彼方且与造物者为人,而游乎天地之一气"的道家思想,充分显示了庄子的踌躇满志,以及欲驾驭和游历自然的豪迈气概。

文人旅游在中国古代一直是旅游的重要组成部分。因为各个朝代的社会经济和文化氛围不同,各个朝代的文人旅游也具有不同的特点,如秦汉时期是浩大功利的,魏晋南北朝时期则是消极颓废的。到了大唐盛世,在儒家和道家思想的深刻影响下,文人墨客对旅游的态度变得奋发昂扬,充满了恢弘壮阔、浪漫奔放的情怀,最典型的代表人物就是被誉为"诗仙"的唐代大诗人李白。

> 我本楚狂人,凤歌笑孔丘。
> 手持绿玉杖,朝别黄鹤楼。
> 五岳寻仙不辞远,一生好入名山游。
> 庐山秀出南斗傍,屏风九叠云锦张。

"一生好入名山游"的李白一生大部分的时间是在书剑飘

零、诗酒相伴的行旅中度过的,从 25 岁"仗剑去国,辞亲远游",至 61 岁去世,除短暂停留于京师长安之外,他一直过着飘荡四方的生活。在这三十多年的漫游岁月中,李白足迹东到大海,西至甘陇,北到幽燕,南到夜郎、苍梧,踏遍了中国大部分地区。这些经历激发了他源源不断的创作灵感,使他创作出了许多脍炙人口的诗篇,在本书的很多章节中,笔者都引用了李白的诗句来添彩。

孔子曰"智者乐水,仁者乐山",说明了不同的旅游者个性喜好也不尽相同。李白"好入名山游",而有的人则喜好江河湖泊的美妙风光。如在本书第四章"荆州"中,提到诗人孟浩然在烟波浩渺的洞庭湖边留下了脍炙人口的诗句《望洞庭湖赠张丞相》:

八月湖水平,涵虚混太清。
气蒸云梦泽,波撼岳阳城。
欲济无舟楫,端居耻圣明。
坐观垂钓者,徒有羡鱼情。

诗中描绘了仲秋八月洞庭水涨,湖面上水天相接、波涛汹涌、水气蒸腾的极为雄浑壮观、磅礴浩瀚的气势,表现了诗人想入仕却不得其门而入的心情。

今天,很多人都喜欢到塞外去领略"大漠孤烟直"的风光,循着戈壁浅滩,眼望玉门关,幻想着脚下便是当年金戈铁马的场面,而月牙湖的自然奇迹能够令人浮想联翩,让游人趋之若鹜。古人也喜好边塞游,典型代表就是诗人岑参,他的边塞诗热情洋溢,充满乐观向上的昂扬气概。他对那些与内地迥然不同的塞外绮丽风光有着浓厚的兴趣,并加以特意的观察。他说边境的风沙"银山碛口风似箭,铁门关西月如练。双双愁泪沾马毛,飒飒胡沙迸人面",他看火山"火山突兀赤亭口,火山五月火云厚。火山满山凝未开,飞鸟千里不敢来",他对边塞雪景的赞美更是脍炙人口:"忽如一夜春风来,千树万树梨花开。"各位读者不妨想象一下古代的边塞,物资紧缺,没有取暖设备,而岑参却将漫天大雪比作春日遍地盛开的梨花,使严寒的冬天充满浓郁的春意,把雪景写得壮观又可爱,表现出了一种昂扬奋发的精神风貌。

虽然今天的我们已经无法目睹千年前的风光,但古代文人墨客通过游历四方,将赤县神州的美景以及风俗人情都用文字给我们做了绘声绘影的记录。笔者希望能够通过本书将古人的情怀带给各位读者,让大家在旅游过程中除了观光赏景、放松心情,也能体会到古人的一份心思。浪漫欢唱也好,慷慨激昂也好,让旅游本身充满乐趣和体验,让读者得到身体和精神的双重丰收。

九州版图的大小与边界伴随着历史的演进以及海岸线的自然变更,在不同时期定义也不尽相同。而本书采用的《禹贡》中描述的"九州版图",包含了最原始的九州内容,却并未包含今内蒙古和新疆的部分地区、西藏地区、东北三省的大部分地区以及海南和港澳台、南海诸岛等地。但是,这些地区的人文风俗、自然景观毋庸置疑是我国优秀传统文化的一部分。由于建章设节的初衷,以及图书篇幅的限制,对这些地区的优秀人文地理景观并未作详细阐述,还望各位读者见谅。